개정판
2021

창의적 말하기

라혜민 · 김순우 · 진 정 · 김혜림 공저

선문대학교

개정판

창의적 말하기

- 라혜민 · 김순우 · 진 정 · 김혜림 공저 -

선문대학교

머리말

이 책은 학문 목적 외국인 유학생을 위한 말하기 교재이다. 국내 유학생들의 대부분은 한국의 대학 어학연수 기관에서 한국어를 배우기 시작한다. 국내 대학의 외국인 전형 최소 합격 기준은 토픽 시험 3급인데 이는 중급 수준에 불과하다. 일반적으로 한국어 교육기관에서는 구어에 중점을 둔 의사소통을 강조하는 교육을 하기 때문에 대학 수학에 필요한 언어 능력이 상당 부분 결여되어 있다. 따라서 외국인 유학생들은 실제 대학 생활에서 한국어 말하기에 어려움을 겪을 수밖에 없다. 이에 이 교재는 외국인 유학생들을 위한 다양한 말하기 기능을 실습할 수 있도록 구성되었다.

「창의적 말하기」 교재에는 PPT 발표하기, 토의 · 토론하기, 설문조사하기, 보고하기 등 대학 생활에서 필요한 다양한 말하기 기능을 실었다. 교재의 각 단원은 도입, 어휘, 표현, 연습, 활동 등으로 구성되어 있는데 이런 단원 구성을 통해 이론적 내용뿐만 아니라 실제로 연습하고 활용할 수 있도록 하였다.

끝으로 이 교재가 출판될 수 있도록 도움을 주신 교수님들과 선문대학교 출판부에 감사의 인사를 전한다. 이 교재가 외국인 유학생들의 말하기 실력 향상에 실질적 도움이 되기를 진심으로 바란다.

2021년 7월

저자 일동

목차

CONTENTS

제 1 과

자기 소개

제1과 자기 소개

학습목표

1. 전공 관련 어휘를 익힌다.
2. 성격을 나타내는 어휘를 익힌다.
3. 대학 생활 중 여러 상황에서 자기소개를 할 수 있다.

도입

01 대학 생활에서 자기를 소개하거나 다른 사람을 소개받는 상황에 대하여 이야기해 봅시다.

-
-
-

02 첫 수업 시간에 자기소개를 하는 상황입니다. 어떤 정보가 있는지 확인해 봅시다.

안녕하세요? 저는 21학번 후미카와 리에라고 합니다. 일본 나가사키 현에서 왔습니다. 현재, OO대학교에서 시각디자인을 전공하고 있습니다. 어려서부터 미술에 관심이 많았고 시각디자인을 전공으로 선택하였습니다. OO대학교에 오게 된 이유는 유학생 장학 제도가 좋고 시설이 잘 되어 있어 부모님께서 적극적으로 권유하셨기 때문입니다.

제 성격은 도전 정신이 강하고 외향적인 편입니다. 저는 암벽 타기 동아리에 가입했습니다. 힘들어 보이지만 체력을 기르고 싶어서 그 동아리에 들어갔습니다. 그리고 저는 시간이 날 때마다 등산을 합니다. 산에 가면 기분이 상쾌해지기 때문입니다.

오늘 여러분을 만나서 기쁩니다. 한 학기 동안 서로 도우면서 즐겁게 수업하면 좋겠습니다.

① 학번　② 출신지　③

④　⑤

어휘

01 전공과 어울리는 직업을 연결해 봅시다.

① 한국어교육과 ▪	▪ ⓐ 게임 개발자/프로그래머
② 국제레저관광학과 ▪	▪ ⓑ 문학 평론가/소설가
③ 컴퓨터공학과 ▪	▪ ⓒ 물리학 연구원/교수
④ 경영학과 ▪	▪ ⓓ 한국어 교수/교사
⑤ 시각디자인학과 ▪	▪ ⓔ 간호사/ 보건직 공무원
⑥ 국어국문학과 ▪	▪ ⓕ 관광 가이드/호텔리
⑦ 간호학과 ▪	▪ ⓖ 회사원/회계사
⑧ 물리학과 ▪	▪ ⓗ 광고 디자이너/상품 디자이너
⑨ 기계공학과 ▪	▪ ⓘ 건축사/인테리어 디자이너
⑩ 건축학과 ▪	▪ ⓙ 공학 엔지니어/발명가

02 다음에서 알맞은 것을 골라 문장을 완성하십시오.

수상하다	자격증을 따다	역량을 발휘하다	전공을 살리다
스펙을 쌓다	적성에 맞다	소질이 있다	리더십이 있다
경력이 있다	발전에 기여하다	어학연수	인턴사원

1) 교사가 되려면 관련된 ( ) 한다.

2) 내 친구는 공모전에서 ( ) 경력이 많다.

3) 저는 호텔에서 6개월 동안 실습을 한 ( ).

4) 우리 언니는 요리에 ( ) 유명한 요리사가 되었다.

5) 나는 가르치는 것을 좋아하니까 선생님이 내 ( ).

6) 신기술을 개발한 그는 회사의 ( ) 이번에 포상금을 받았다.

7) 나는 학창 시절에 반장이나 학생회장을 맡아 ( ) 편이다.

8) 이번 방학에 영어를 배우기 위해 미국으로 ( )을/를 다녀왔다.

9) 졸업 전에 화장품 회사에 ( )으로/로 뽑혀 회사의 업무를 익힐 수 있었다.

10) 대학에서 자동차공학을 전공했는데 앞으로 ( ) 스마트 자동차를 연구하고 싶다.

11) 외국어 자격증을 따고 봉사 활동을 하는 등의 ( ) 취업에 성공했다.

12) 우리 회사 사장님은 직원들이 마음껏 ( ) 수 있도록 지원을 아끼지 않는다.

03 다음의 성격을 나타내는 말을 보고 빈칸에 알맞은 말을 채워 봅시다.

냉정하다	느긋하다	온화하다	부지런하다	꼼꼼하다
쾌활하다	모나다	내성적이다	우유부단하다	성격이 급하다
끈기가 있다	진취적이다	이기적이다	도전정신이 강하다	고집이 세다

1) 그는 어떤 일에도 서두르지 않고 (   ).

2) 그는 (   ) 쉽게 결정을 내리지 못한다.

3) 형은 큰 소리로 웃고 (   ) 친구가 많다.

4) 그는 워낙 (   ) 사람이라서 지각하는 법이 없다.

5) 형은 (   ) 성격이 아니라서 친구들과 원만하게 지낸다.

6) 자기 이익만 챙기는 (   ) 태도를 버려야 한다.

7) 그는 (   ) 어떤 일을 시작하면 끝까지 해낸다.

8) 그는 (   ) 번지점프를 두려워하지 않고 했다.

9) 김 과장은 (   ) 어떤 일이든 빈틈없이 처리한다.

10) 언니는 (   ) 눈앞의 일을 빨리 끝내야만 마음을 놓아.

11) 박 선생님은 성격이 (   ) 학생들에게 화를 내지 않는다.

12) 우리 회사는 적극적으로 일을 할 수 있는 (   ) 인재를 원한다.

13) 그 선생님은 (   ) 자신의 의견을 좀처럼 바꾸지 않는다.

14) 사사로운 감정에 얽매이지 말고 (   ) 사건을 보아야 한다.

15) 동생은 (   ) 하고 싶은 말이 있어도 밖으로 표현을 잘 못해.

04 아래의 표현들을 사용해 성격의 장단점에 대해 이야기해 봅시다.

도전 정신이 강하다	대인 관계가 원만하다
매사에 신중하다	창의적이다
융통성이 없다	우유부단하다
자기주장이 강하다	리더십이 있다
일 처리가 꼼꼼하다	진취적이다

| 보기 |

가: ____씨의 성격에 대해서 간단하게 이야기해 보시겠습니까?

나: **저는 매사에 신중하고 일 처리가 꼼꼼한 편입니다.** 그래서 일을 할 때 시간이 오래 걸립니다.

05 다음은 경력과 특기를 나타내는 표현들입니다. 이 표현들을 이용해서 자신의 경력이나 특기를 소개해 보십시오.

인턴사원으로 근무하다	공모전에서 수상하다
봉사활동을 하다	아르바이트 경력이 있다
어학 연수를 다녀오다	면허증을 따다
장학금을 받다	학생회장을 한 경험이 있다
동아리 활동을 하다	자격증을 취득하다

| 보기 |

가: 이력서의 경력사항을 보니까 **해외 연수 경험이 있다고** 했는데, 어떤 연수를 다녀왔습니까?

나: 네, 저는 대학교 3학년 때 1년간 영국으로 **어학연수를 다녀왔습니다.**

표현

1) 전공 소개

① **제 전공은** 경영학입니다.

② 저는 경영학을 **전공하고 있습니다.**

2) 전공을 선택한 이유

① 우주에 **관심이 많아서** 천문학을 전공하기로 결정했습니다.

② 교사가 될 **생각/목적/계획으로** 교육학을 전공으로 선택했어요.

③ 어려서부터 피아노를 연주하**는 데 소질이 있어서** 피아노과에 진학했어요.

3) 장래 희망

① **앞으로** 광고 디자이너**가 되고 싶습니다.**

② **장래 희망은** 광고 디자이너**가 되는 것입니다.**

③ **앞으로** 광고 디자인 분야**에서 일하고 싶습니다.**

연습

01 위 표현을 활용하여 다음 질문에 대답해 봅시다.

1) 전공이 무엇입니까?

____

2) 왜 그 전공을 선택했습니까?

____

3) 졸업 후에 어떤 일을 하고 싶습니까?

____

활동

01 다음과 같이 자기소개를 준비해 봅시다.

안녕하세요. 저는 건축학과에 다니고 있는 21학번 장즈한입니다. '창의적 말하기' 수업에서 여러분을 만나서 반갑습니다. 저는 중국 상하이에서 왔습니다. 어려서부터 부모님과 중국의 여러 지역을 여행하였습니다. 그때마다 각 지역의 전통적인 건축물에 호기심을 느꼈습니다. 중국의 현대적인 건물을 보면서 저도 저런 멋진 건물을 짓고 싶다고 생각했습니다. 그래서 전공으로 건축학을 선택하였습니다. 앞으로 전통과 현대를 결합하는 건물을 짓고 싶습니다.

저는 상하이에서 할아버지와 아버지, 어머니 그리고 여동생과 지냈습니다. 할아버지께서는 중국의 전통을 중요하게 생각하시는 분입니다. 할아버지 앞에서 항상 차를 마시면서 이야기했던 것이 기억에 남습니다. 아버지와 어머니는 제가 자유롭고 진취적인 사람이 되기를 바라셨습니다. 그래서 어려서부터 다양한 경험을 하기를 바라셨고 한국으로의 유학도 부모님께서 권하셨습니다. 여동생과 저는 우애가 깊습니다. 동생도 한국에서 유학하고 싶어 하니까 앞으로 대학교도 같이 다닐 수 있을 것 같습니다.

저의 좌우명은 '주어진 일에 최선을 다하자'입니다. 어떤 일이 주어졌을 때 적극적으로 해 나갑니다. 그리고 꼼꼼한 면도 있어서 일을 할 때 계획을 세워서 합니다.

저의 특기는 미니어처 만들기입니다. 성격이 꼼꼼해서인지 건축물이나 비행기와 같은 어려운 미니어처들도 잘 만듭니다. 제 집에 그동안 만든 미니어처들이 있는데 여러분에게 보여 드리고 싶습니다.

저는 스트레스를 받을 때면 노래를 부릅니다. 그래서 노래방에 자주 갑니다. 한국의 아이돌 노래도 즐겨 듣고 부릅니다. 그래서 그런지 한국이 더 친근하게 느껴집니다. 또 다른 취미는 영화 보기입니다. 특히, 미래 이야기를 다룬 SF 영화를 좋아합니다. 영화를 보면서 영화 안에서 보여 주는 미래 건물들을 보며 영감을 얻기도 합니다. 여러분들과도 좋은 영화가 있으면 같이 보러 가면 좋겠습니다.

이상으로 저의 소개를 마치겠습니다. 이 수업에서 한국어 말하기 능력도 높이고 다양한 나라에서 온 친구들도 사귀고 싶습니다. 앞으로 한 학기 동안 잘 부탁드립니다.

02 자기소개를 위해 다음 내용을 써 봅시다.

이름 / 학번	
전공 / 전공 선택 이유	
출신지(고향)	
가족 관계	
성격	
특기 / 취미	
장래희망	
관심 분야 등	

03 위 메모를 바탕으로 자기소개서를 쓰고 발표해 봅시다.

한국 문화 알아보기

한국에서는 사람과의 관계에서 나이를 중요하게 생각한다. 그래서 서로 소개할 때에 나이를 드러내는 경우가 많다. 예를 들어, 나이를 알아보기 위해 학번이나 생년을 묻기도 한다. 더 나아가 자신의 띠를 말하여 나이를 알리기도 한다.

수미: 나이가 어떻게 되세요?
태호: 저는 쥐띠예요.
수미: 그럼, 96년에 태어났군요?

띠를 통해 나이를 말할 때에는 12동물에 대해 알아야 한다.
한자로는 다음과 같다.

자(子) → 쥐	1996, 2008
축(丑) → 소	1997, 2009
인(寅) → 호랑이	1998, 2010
묘(卯) → 토끼	1999, 2011
진(辰) → 용	2000, 2012
사(巳) → 뱀	2001, 2013
오(午) → 말	2002, 2014
미(未) → 양	2003, 2015
신(申) → 원숭이	2004, 2016
유(酉) → 닭	2005, 2017
술(戌) → 개	2006, 2018
해(亥) → 돼지	2007, 2019

제2과

대학 생활

제2과 대학 생활

학습목표

1. 대학교에서 자주 사용하는 기초적인 어휘를 익힌다.
2. 대학 생활에서 접하는 다양한 상황에 맞게 말할 수 있다.

도입

01 여러분은 학교에서 아래와 같은 시설에 가 본 적이 있습니까? 자신의 경험을 이야기해 봅시다.

중앙도서관, 학생식당, 복사실, 기숙사, 교수 연구실,
본관, 학과 사무실, 학생회관, 보건실

02 대학 생활에서 꼭 해 보고 싶은 것은 무엇입니까?

- 한국인 친구를 많이 사귀기
-
-
-

어휘

01 각 시설과 관련된 어휘를 써 봅시다.

시설	관련 어휘
▪ 중앙도서관	
▪ 복사실	
▪ 학과 사무실	
▪ 강의실	
▪ 서점	
▪ 학생식당	
▪ 은행	
▪ 보건실	

02 다음은 수강과 관련된 어휘입니다. 알맞은 것을 골라 문장을 완성하십시오.

수강 신청	재수강	계절학기	강의 평가
학점 교류	학사 경고	복수 전공	부전공
교직 이수	필수 과목	수강 포기	정정 기간

1) 학기 초에는 수강 ( )이/가 있어서 학생들이 수강 과목을 변경할 수 있다.

2) 졸업 학점이 모자라서 이번 겨울 방학에 ( ) 수업을 들어야 한다.

3) 내 친구는 ( )을/를 하여 교원 자격증을 취득했다.

4) 이번 학기 성적을 확인하기 위해서는 먼저 ( )을/를 해야 한다.

5) 개인적인 사정으로 수업을 더 이상 들을 수 없어 ( ) 신청서를 작성했다.

6) 한국어를 전공하고 있는 영희는 경영학을 ( )하고 있어서 학교를 1년 더 다녀야 한다.

7) 원하는 수업을 들으려면 ( ) 기간에 인터넷으로 재빨리 교과목 신청을 해야 한다.

8) 복수 전공은 두 개의 학위를 받지만 ( )은/는 전공 외의 다른 영역을 더 공부하는 것이다.

9) 지난 학기에 D 학점을 받은 과목을 이번 학기에 ( ) 해서 좋은 점수를 받고야 말겠다.

10) 우리 학교는 같은 지역에 있는 A 대학교와 ( )을/를 해서 A 대학교의 수업도 들을 수 있다.

11) 1학년 때는 공부 안 하고 마음껏 놀아도 된다는 선배들의 잘못된 조언 때문에 놀기만 했더니 1, 2학기 연달아 ( )를 받았다.

12) 2016년부터 '글쓰기' 과목이 ( )으로/로 지정되어 반드시 수강해야 한다.

03 다음은 대학 생활과 관련된 어휘입니다. 알맞은 것을 골라 문장을 완성하십시오.

복학	팀플(Team play)	장학금	교환 학생
특강	멘토	축제	전과

1) 저 선배는 군대를 제대하고 이번 학기에 (   )을/를 했다.

2) 이번 과제는 다섯 명이 한 팀이 되어서 하는 (   )으로/로 진행된다.

3) 우리 학과에서는 매 학기 성적이 우수한 학생 다섯 명에게 (   )을/를 지급한다.

4) 우리 학교는 여러 국가의 다양한 대학교와 자매결연을 맺어 매년 1,000명 이상의 (   )을/를 해외 대학으로 보내고 있다.

5) 우리 학과는 외국인 학생이 많아서 10월에 열리는 (   ) 때 각 나라의 음식을 판매할 예정이다.

6) 지금 전공이 적성에 맞지 않아서 내년에 한국어교육학과로 (   )을/를 하려고 한다.

7) 이번 여름 방학에 학교에서 글쓰기 (   )을/를 개최한다.

8) 그 선배는 어려운 가정 환경 속에서도 자신의 꿈을 위해 노력하는 후배에게 (   )이/가 되어 주었다.

표현

◎ –도록 하다

- 과제는 이번 주 금요일까지 제출하**도록 하세요.**
- 이번 주까지 발표 내용을 나누어 조사하**도록 하자.**

◎ –ㄴ/는 게 어때요?

- 시간이 부족하니까 쉬운 과제를 먼저 하**는 게 어때?**
- 머리가 아프면 조금 쉬**는 게 어때요?**

◎ –(으)ㄹ지 모르다

- 시험 준비를 다음 주까지 할 수 있을**지 모르겠습니다.**
- 충분히 준비하지 못해서 이번 발표가 교수님의 마음에 들**지 모르겠어.**

연습

01 대학 생활을 하면 여러 사람과 다양한 상황에서 말하기를 하게 됩니다. 친구와 짝을 지어 아래의 말하기 상황을 연습해 봅시다.

1) 대학원 입학 상담(격식체 대화 연습)

(상담 시간에 맞춰 교수님 연구실 문을 노크한다.)

교수님: 네, 들어오세요.

학　생: 안녕하세요, 교수님. 저는 글로벌한국학과 19학번 지코라고 합니다.

교수님: 아, 지난주에 나에게 메일을 보낸 학생이군요. 대학원 입학과 관련된 사항이 궁금하다고 했죠?

학　생: 네, 교수님. 저는 한국어를 더 전문적으로 공부할 목적으로 대학원에 진학하려고 하는데요. 대학원은 어떤 곳인지, 대학원에 진학하려면 무엇을 준비해야 하는지 교수님께 자세히 여쭤 보고 싶습니다.

(상담 후)

학　생: 긴 시간 동안 상담해 주셔서 정말 감사합니다.

교수님: 앞으로도 궁금한 게 있으면 언제든지 연락하도록 하세요.

학　생: 네, 교수님. 또 찾아뵙겠습니다. 안녕히 계세요.

2) 동아리 가입 면접(비격식체 대화 연습)

신입생: 안녕하세요. 여기가 연극 동아리 〈가람〉 면접 보는 곳인가요?

선 배1: 네, 맞아요. 들어오세요.

신입생: 저는 외국인인데 이 동아리에 가입할 수 있을까요?

선 배2: 한국어 실력이 안 되면 가입할 수 있을지 모르겠어요. 연극은 감정 표현이 제일 중요하거든요. 연극 연습을 통해 한국어 실력을 키울 수 있기는 한데... 이 동아리는 어떻게 알게 됐어요?

신입생: 신입생 오리엔테이션에서 본 공연이 너무 멋있어서 학교 홈페이지에서 동아리 정보를 찾아봤어요.

선 배1: 아, 그렇군요. 전공은 뭐예요?

신입생: 미디어커뮤니케이션학이에요. 그래서 공연이나 전시에 관심이 아주 많아요.

선 배2: 평소에 연극을 자주 보나요?

신입생: 네, 연극뿐만 아니라 발레 공연도 자주 봐요. 저는 러시아 사람이니까 러시아 극본을 번역해서 함께 공연을 하고 싶어요.

선 배1: 한국어 실력도 훌륭하고, 자신감이 넘치는 태도도 좋군요. 상의한 후에 곧 연락할게요.

신입생: 좋은 소식이 있었으면 좋겠어요. 감사합니다.

3) 교환 학생 신청(비격식체 반말 대화 연습)

현수: 다음 학기에 우리 학과에서 해외로 갈 학생을 이번 달에 선발한대.

혜진: 그래? 안 그래도 교환 학생을 준비하고 있었는데 잘 됐다.

현수: 어느 나라로 지원할 건데?

혜진: 일본에 있는 대학에 지원할 계획이야. 일본어 자격증은 따 놨는데 다른 걸 뭘 준비해야 할지 잘 모르겠어.

현수: 토익이나 토플 같은 영어 자격증도 준비해 놓는 게 어때? 작년에 교환 학생을 신청한 선배가 그러는데 공인 영어 자격증이 있으면 다른 나라도 폭넓게 지원할 수 있어서 유리하대.

혜진: 그렇구나.

현수: 그리고 원하는 학교에 대한 정보를 미리 알아두면 면접 때 도움이 된댔어.

혜진: 좋은 정보를 알려 줘서 정말 고마워.

02 위의 상황 중에서 하나를 골라서 짝과 역할극을 해 봅시다.

활동 1

01 글쓴이가 말하는 성공적인 대학 생활 방법이 무엇인지 말해 봅시다.

안녕하세요, 신입생 여러분. 저는 글로벌한국학과 4학년 김진우입니다.

제가 4년 동안 대학교를 다니면서 느꼈던 점을 정리해서 여러분에게 대학 생활을 잘하는 방법에 대해 말씀드리려고 합니다.

우선 첫 번째로 학과 오리엔테이션이나 M.T.에 적극적으로 참여하는 것이 좋습니다. 대학 생활은 고등학교와는 다르게 스스로 해결해야 하는 일이 많습니다. 이럴 때 먼저 경험한 선배들의 조언을 들으면 시간표를 짜거나 동아리를 선택하는 데 큰 도움을 얻을 수 있습니다. 물론 기숙사 생활이나 자취 생활에 도움이 되는 실용적인 정보들도 많이 들을 수 있습니다.

두 번째로 장학금을 꼭 신청하기를 바랍니다. 우리 학교는 다른 대학교보다 장학금 제도가 잘 되어 있는 편입니다. 학교 홈페이지를 보면 다양한 장학금 정보가 있습니다. 몇몇 제도는 해외 탐방이나 자격증 취득을 위한 공부를 무료로 제공해 주는 경우도 있습니다. 학교 홈페이지에 수시로 들어가 자신에게 맞는 장학금 제도를 찾아서 신청한다면 현명한 대학 생활을 할 수 있을 것입니다.

마지막으로 여행을 추천합니다. 대학 시절은 다양한 경험과 새로운 시각을 가질 수 있는 기회의 시간입니다. 특히 여행을 하면 견문도 넓힐 수 있고 온전히 나에게 집중하는 시간을 보낼 수 있습니다.

지금까지 대학 생활을 잘하는 방법에 대해 말씀드렸습니다. 대학 생활을 보내는 방법은 여러분들마다 다를 것입니다. 중요한 점은 어떻게 하면 이 시간을 잘 보낼 수 있을지를 여러분들이 스스로 생각하고 선택하는 것입니다. 새롭게 펼쳐질 여러분들의 밝은 미래를 응원합니다!

성공적인 대학 생활 방법
1.
2.
3.

02 성공적인 대학 생활을 하기 위해서 무엇이 필요할지 말해 봅시다.

준비해야 할 것	
알아 두어야 할 것	

03 여러분이 생각하는 성공적인 대학 생활이란 무엇입니까? 그것을 하기 위해서는 어떻게 해야 합니까? 서로 의견을 나눠 봅시다.

성공적인 대학 생활이란?	
성공적인 대학 생활을 하기 위한 방법	

활동 2

01 대학에 들어와서 가장 어려운 점은 무엇입니까?

02 내가 대학 생활을 하면서 꼭 하고 싶은 것은 무엇입니까?

03 대학 강의를 잘 듣는 방법, 성적을 잘 받는 방법은 무엇입니까?

04 앞으로의 대학 생활을 어떻게 보낼지 계획을 세워 봅시다.

1학년	
2학년	
3학년	
4학년	

SWOT 분석

01 SWOT는 강점(Strength), 약점(Weakness), 기회(Opportunity), 위협(Threat)의 머리글자를 모아 만든 단어입니다. 긍정적인 면을 보는 강점과 기회, 반대로 위험을 불러오는 약점과 위협을 통해 자신을 이해하고 분석할 수 있습니다. 아래의 표에 자신의 SWOT를 적어 보세요.

나의 강점	나의 약점
▪ 조용하고 차분하다. ▪ 독서를 좋아한다. ▪ 꼼꼼하다.	▪ 낯가림이 심하다. ▪ 용기가 부족하다. ▪ 사교성이 적다.
나에게 왔으면 하는 기회	**나를 위협하는 것들**
▪ 새로운 친구를 많이 사귀고 싶다. ▪ 친구들과 함께 여행을 가고 싶다. ▪ 대학에서 다양한 경험을 하고 싶다.	▪ 새롭게 시작하는 것에 대해 두려움을 느낀다. ▪ 새로운 사람을 사귀는 것에 어려움을 느낀다. ▪ 가끔씩 우울하다.

나의 강점	나의 약점
나에게 왔으면 하는 기회	**나를 위협하는 것들**

02 SWOT를 분석하여 나의 강점과 약점에 대해 깊이 생각해 봅시다.

나의 강점으로 얻을 수 있는 효과	1. 한국어 책을 읽어서 어휘 능력 및 한국어 실력을 향상시킬 수 있다. 2. 과제를 할 때 미리 계획을 세워서 실수하지 않는다.
나의 약점을 보완할 수 있는 방법	1. 조별 활동을 할 때 조장을 맡아 열심히 한다. 2. 친구들에게 먼저 말을 건네며 인사를 한다.

나의 강점으로 얻을 수 있는 효과	
나의 약점을 보완할 수 있는 방법	

제3과

개요 작성

제3과 개요 작성

학습목표

1. 개요를 작성하는 방법을 안다.
2. 문장 개요와 화제 개요의 차이점을 안다.
3. 개요를 작성할 때에 유의해야 할 점을 안다.

도입

01 여러분은 발표를 해 본 적이 있습니까? 어떤 발표였습니까?

02 여러분이 발표를 한다면 어떤 주제로 발표하고 싶습니까? 다음과 같이 간단하게 정리해서 이야기해 봅시다.

발표 주제	
발표 내용	
보조 자료	

03 발표를 할 때, 개요 작성이 왜 필요한지 생각해 봅시다.

발표의 개념과 준비

발표는 다수의 청중을 대상으로 하는 공적인 말하기이다. 보고, 설명, 설득 등 자신이 전달하고자 하는 것을 말로 표현하는 것이다.

01 발표하기의 단계

1) 주제를 정한다. 이때 주제는 청중의 관심을 불러일으키는 것이어야 한다.

2) 책, 논문, 인터넷 등에서 필요한 자료를 선정한다.

3) 개요를 작성한다. 처음–중간–끝의 체계성을 갖추어야 한다.

4) 발표문과 PPT를 만든다. 그리고 적절한 그림이나 영상 등을 준비한다.

5) 동작이나 목소리를 적절하게 하여 발표한다.

02 발표할 때의 유의할 점

1) 발표문을 보고 읽지 않아도 될 만큼 내용을 숙지한다.

2) 청중을 바라보며 반응을 살핀다.

3) 목소리의 크기와 속도를 적절하게 한다.

개요 작성하기

개요는 글을 쓰기 전에 글의 전체 윤곽을 머릿속에 그리고 그 내용을 적은 것을 말한다. 개요를 보면 글의 전체 구성을 한눈에 알아볼 수 있다.

01 개요의 종류

1) 형식에 따라	2) 주제에 따라
① 문장 개요 ② 화제 개요	① 소개하는 개요 ② 문제 해결을 제안하는 개요 ③ 비교하는 개요

02 개요를 작성할 때의 유의할 점

1) 주제의 통일성을 유지해야 한다.

2) 대 항목에 소 항목의 범위가 포함되어야 한다.

3) 처음–중간–끝의 구성이 체계적이어야 한다.

4) 중복되거나 불필요한 부분이 없도록 해야 한다.

어휘

01 다음에서 알맞은 것을 골라 문장을 완성하십시오.

연계되다	모색하다	유래되다	훼손하다	범람	유효하다	함유되다
전래되다	유전자	인위적	제기하다	권유하다	활성화하다	절이다	서식처
신중하다	발효식품	침투하다	거듭나다	재고하다		

1) 중요한 일을 할 때는 (   ) 행동해야 한다.

2) 서명이 없는 계약서는 법적으로 (   ) 않다.

3) (   ) 검사를 통해 어릴 때 헤어진 친형을 찾았다.

4) 자동차 배기가스의 문제점을 개선하는 방안을 (   ).

5) 문화재에 낙서를 하는 행위는 문화재를 (   ) 것이다.

6) 마라톤 경기는 고대 그리스의 마라톤 전투에서 (   ) 것이다.

7) 그가 제시한 의견에 이의를 (   ) 사람은 아무도 없었다.

8) 취업과 (   ) 교육 프로그램이 학생들에게 큰 인기를 끌고 있다.

9) 최근에 연예인들이 국민들에게 투표를 (   ) 이벤트를 많이 한다.

10) 커피에는 카페인이 (   ) 있어 많이 마시면 밤에 잠이 잘 안 온다.

11) 각종 생물들의 (   )을/를 파괴하면서 골프장을 만들어서는 안 된다.

12) 김치, 된장, 낫또, 요구르트 등과 같은 식품을 (   )이라고/라고 한다.

13) 그동안 뜸했던 남북 간의 경제 교류를 (   ) 남북 정상이 만났다.

14) 중국에서 우리나라에 한자가 ( ) 것은 아주 오래전이다.

15) 컴퓨터에 바이러스가 ( ) 프로그램이 작동하지 않는다.

16) 면접을 볼 때, 긴장해서인지 그의 표정은 자연스럽지 않고 ( )이었다.

17) 오래된 기차역이 미술관으로 ( ).

18) 나는 김치를 만들기 위해 배추를 사다가 소금에 ( ).

19) 청소년들의 교육을 위해 폭력적 영상물의 ( )을/를 막아야 한다.

20) 산을 뚫어 도로를 만드는 일은 환경적인 차원에서 ( ) 필요가 있다.

연습

01 문장 개요와 화제 개요

주 제: 한류의 영향과 관광 산업

주제문: 한류의 영향을 알고 이를 통해 관광 산업을 활성화하는 방안을 모색하자.

문장 개요

서 론: 세계에서 한류가 인기를 끌고 있다.

본 론

1. 한류의 인기로 한국을 방문하는 관광객이 많아졌다.
2. 한류의 영향으로 한국을 방문한 관광객의 불만이 있다.
   1) 체험할 수 있는 관광 프로그램이 한정적이다.
   2) 어떤 프로그램이 있는지 제대로 알 수 없다.
3. 한류 관광 프로그램을 개발하여야 한다.
   1) 드라마 촬영지를 활용한 관광 상품을 개발하여야 한다.
   2) K-pop 공연과 관련한 관광 상품을 개발하여야 한다.
4. 다양한 홍보 방법이 필요하다.
   1) 드라마 촬영지를 쉽게 찾아갈 수 있도록 안내하여야 한다.
   2) K-pop 공연 안내와 공연장을 쉽게 찾아 볼 수 있는 사이트가 필요하다.

결 론: 한류와 연계된 관광 프로그램을 모색하여 관광 산업을 활성화하자.

화재 개요

서 론: 세계에서의 한류의 유행

본 론

1. 한류로 인한 관광객 증가
2. 한류 관광객의 불만
   1) 한정적인 프로그램
   2) 프로그램 홍보 부족
3. 한류 관련 관광 프로그램 개발
   1) 드라마 촬영지와 관련한 관광 프로그램 개발
   2) K-pop 공연과 관련한 관광 프로그램 개발
4. 다양한 홍보 방법 필요
   1) 드라마 촬영지 방문 안내
   2) K-pop 공연과 공연장 안내 사이트 개발

결 론: 한류 연계 관광 프로그램 개발과 관광 산업 활성화

02 다양한 주제의 개요

1. 소개하는 글

제　목: 한복의 소개

주제문: 한복을 소개하여 한국의 전통적인 의복 문화를 알린다.

1. 처음: 한국을 대표하는 의상: 한복
2. 중간
   1) 한복의 종류와 구성
   2) 한복을 입는 방법
   3) 한복의 세계화
3. 끝: 한복의 발전 전망

2. 문제 해결을 제안하는 글

제　목: 국립공원 케이블카 설치를 재고하자.

주제문: 국립공원의 가치와 중요성에 대해 인식하고 국립공원 내 케이블카 설치에 대해 신중하게 생각하자.

1. 서　론: 국립공원 내 케이블카 설치 논란
2. 본　론
   1) 국립공원의 가치와 중요성
   2) 케이블카 설치로 인한 긍정적 효과
      ① 관광객 증가
      ② 경제적 이익
   3) 케이블카 설치로 인한 부정적 효과
      ① 동식물의 서식처 파괴
      ② 쓰레기 증가로 인한 주변 환경 훼손
   4) 케이블카 설치에 대한 주민 여론
3. 결　론: 국립공원 내 케이블카 설치 재고의 필요성

3. 비교하는 글

제　목: 한국과 일본의 발효 음식 비교

주제문: 한국과 일본의 발효 음식을 비교하고 공통점과 차이점을 알아본다.

Ⅰ. 서　론: 한국과 일본의 발효 음식

Ⅱ. 한국의 발효 음식: 청국장

　1) 재료

　2) 제조 방법

　3) 효능

Ⅲ. 일본의 발효 음식: 낫토

　1) 재료

　2) 제조 방법

　3) 효능

Ⅳ. 두 음식의 공통점과 차이점

Ⅴ. 결　론: 두 나라의 발효 음식에 대한 이해와 전망

연습

01 문장 개요를 화제 개요로 바꾸기

문장 개요

제 목: 유전자 조작 식품의 영향

서 론: 유전자 조작 식품은 인간이 농산물의 유전자 정보를 인위적으로 변형시킨 식품이다.

본 론: 유전자 조작 식품에는 부정적 영향과 긍정적 영향이 있다.

1) 부정적 영향

① 인체에 알레르기나 독소 발생 등의 위험성이 있다.

② 생태계의 균형을 깨뜨릴 수 있다.

2) 긍정적 영향

① 병충해에 잘 견디고 수확량이 많아 인류의 식량 문제를 해결할 수 있다.

② 살충제 사용이 줄어들어 환경오염을 줄일 수 있다.

결 론: 유전자 조작 식품을 잘 이해하고 사용하여야 한다.

화제 개요

제 목: 유전자 조작 식품의 영향

서 론:

본 론: 유전자 조작 식품의 부정적 영향과 긍정적 영향

1) ______________________________

① ______________________________

② ______________________________

2) ______________________________

① ______________________________

② ______________________________

결 론:

02 다음은 '광고의 사회적 영향'의 개요입니다. 빈칸을 작성해 보십시오.

1. 서　론: 광고의 범람
2. 본　론
   1) 광고의 긍정적 영향
      ① ______________________________
      ② ______________________________
   2) 광고의 부정적 영향
      ① ______________________________
      ② ______________________________
3. 결　론: 광고의 부정적 영향을 최소화함

03 다음 빈칸에 들어갈 내용을 쓰십시오.

제　목: 한국과 미국의 음식 문화 비교

1. 서　론
2. 한국과 미국의 주식
   1) 한국
   2) 미국
3. 한국과 미국의 요리 방법
   1) 한국
   2) 미국
4. 한국과 미국의 식사 예절
   1) 한국
   2) 미국
5. 결　론

제　목: 한국과 미국의 음식 문화 비교

1. 서　론
2. 한국의 음식 문화
   1) 주식
   2) ______________________
   3) ______________________
3. ______________________
   1) ______________________
   2) ______________________
   3) ______________________
4. 결　론

활동

01 다음 글을 읽고 개요로 작성해 봅시다.

한국의 김치

김치는 한국의 대표적인 음식이다. 매일 식사 때마다 김치를 먹고 심지어 김치만 보관하는 김치냉장고도 있다. 일상생활에서도 사진을 찍을 때 '김치'라고 한다. 이런 김치가 최근에는 세계의 음식으로 거듭나고 있다. 이에 김치에 대해 자세히 알아보고자 한다.

김치는 배추, 무 등을 굵은 소금에 절여 씻은 다음 고춧가루, 파, 마늘, 생강 등의 양념과 젓갈을 넣고 버무려서 저장한 한국의 저장 발효식품이다. 김치를 처음 먹기 시작한 때는 삼국시대로 지금부터 약 1,800년 전이다. 그러나 그때의 김치는 무나 배추를 소금에 절인 것으로 '채소를 소금물에 담근다.'는 뜻에서 '침채(沈菜)'라고 했다. 이것이 변하여 '김치'가 되었는데 조선 중기 이후 고추가 전래되면서 오늘날과 같은 김치가 개발되었다.

김치는 한반도의 기후, 계절, 지역에 따라 다양하게 발달하여 정착했는데 김치는 크게 보통 김치와 김장김치로 나눈다. 보통 김치는 오이소박이, 열무김치, 깍두기, 파김치처럼 비교적 손쉽게 담가 오래 저장하지 않고 먹는 김치를 말한다. 김장김치는 추운 겨울철 채소가 없을 때를 대비하여 늦가을에 준비하는 김치로 흔히 배추김치와 보쌈김치, 동치미 등을 김장김치라고 한다. 김치는 사용되는 재료와 담그는 방법에 따라 200여 종이 넘는다.

미국의 건강 전문지 '헬스'는 2006년에 김치를 세계 5대 건강식품의 하나로 선정했다. 김치는 각종 채소와 젓갈을 넣어 만들기 때문에 비타민은 물론 단백질 등이 함유된 종합 영양 식품으로 평가 받는다. 특히 김치가 발효하는 과정에서 발생하는 유산균은 소화를 도울 뿐만 아니라 다른 균이 침투하는 것을 막아 주며, 암을 억제하고 예방하는 기능을 갖고 있다. 또한 섬유질이 풍부하고 지방이 적은 저칼로리 음식으로 현대인의 다이어트에도 매우 효과적이다. 이에 세계 여러 나라에서는 김치에 더욱 각별한 관심을 보이고 있다.

김치는 한국 고유의 음식이지만 김치의 효능과 맛으로 인해 세계인의 관심을 받고 있다. 이에 김치를 더욱 자랑스럽게 여기고 세계의 음식으로 거듭날 수 있도록 연구해야 할 것이다.

제　목: 한국의 김치

주제문: 한국의 김치가 세계의 음식으로 거듭나고 있다.

〈화제 개요〉

서 론 ______________________________

본 론

1. ______________________________

   1) ______________________________

   2) ______________________________

2. ______________________________

   1) ______________________________

   2) ______________________________

3. ______________________________

   1) ______________________________

   2) ______________________________

   3) ______________________________

결 론 ______________________________

02 아래의 예를 보고 주제를 정하여 개요를 작성해 봅시다.

주장하는 문장: '디즈니(Disney)'는 세계적으로 사랑받고 있는 애니메이션 제작사이다.
제　목: 애니메이션 제작사 '디즈니'

서　론: 세계적으로 각광 받고 있는 디즈니

본　론: 1. 디즈니의 역사
　　1) 디즈니의 뜻
　　2) 디즈니의 발전 과정
　2. 디즈니의 작품 소개
　　1) 애니메이션
　　2) 영화
　3. 디즈니가 사랑 받는 이유

결　론: 디즈니의 발전 기대

저는 미국의 대표적인 애니메이션 제작사인 '디즈니'에 대해서 발표하고자 합니다. 디즈니는 애니메이션을 주로 제작하고 있는데 미국뿐만이 아니라 세계적으로 많은 사랑을 받고 있습니다. 또한 디즈니는 어린아이부터 어른들까지 폭넓은 세대에게 감동과 재미를 선사하는 작품들을 제작하고 있어서 높은 평가를 받고 있습니다. 이에 애니메이션 제작사 '디즈니'에 대해 발표하고자 합니다.

이 발표의 목적은 발표를 하면서 학우들이 디즈니에 대해 좀 더 깊이 알고, 디즈니에 더욱 관심을 갖게 하는 데 있습니다. 그러기 위해서 첫째 디즈니의 역사, 둘째 디즈니의 작품 소개, 셋째 디즈니가 사랑 받는 이유, 이렇게 세 부분으로 나누어 소개하고자 합니다. 만약 질문이 있으시면 발표가 끝난 후 해 주시기 바랍니다.

주장하는 문장: 패스트푸드와 슬로푸드를 비교해 보고 건강한 식생활에 대해 관심을 갖자.
제 목: 패스트푸드와 슬로푸드

서 론: 식생활에 대한 관심

본 론: 1. 패스트푸드
    1.1 패스트푸드의 종류
    1.2 패스트푸드의 기원
    1.3 건강에 미치는 영향

  2. 슬로푸드
    2.1 슬로푸드의 종류
    2.2 슬로푸드의 기원
    2.3 건강에 미치는 영향

결 론: 건강하게 생활하기 위해 식생활에 관심을 가져야 한다.

안녕하십니까? 저는 역사학과 21학번 000입니다.

오늘 제가 발표할 주제는 '패스트푸드와 슬로푸드'입니다. 요즘 비만이나 성인병 등 식생활 습관으로 인해 병이 생기는 사람들이 적지 않습니다. 그래서 사람들이 식생활에 많은 관심을 가지고 있습니다. 그 중에서도 특히'슬로푸드'라는 말은 많은 사람들에게 주목을 받고 있습니다.

제 발표의 목적은 이 발표를 통해서 패스트푸드와 슬로푸드의 장단점을 알고 건강한 식생활에 대해 다시 한 번 생각하게 하는 데 있습니다.

이를 위해 저는 첫째, 패스트푸드와 슬로푸드의 종류 둘째, 패스트푸드와 슬로푸드의 기원, 그리고 마지막으로 패스트푸드와 슬로푸드가 건강에 미치는 영향에 관해서 말씀드리고자 합니다.

만약 질문이 있으시면 발표가 끝난 뒤에 해 주시면 감사하겠습니다.

개요 작성하기

제 목: ______________________

주제문: ______________________

본 론: ______________________

____

____

____

결 론: ______________________

발표 소개문 작성

____

____

____

____

____

____

____

제4과

프레젠테이션 준비

제4과 프레젠테이션 준비

학습목표

1. 발표할 내용을 PPT(Power Point)를 사용해 효과적으로 만들 수 있다.
2. 발표할 때 필요한 표현들을 익히고 사용할 수 있다.
3. 친구들의 발표를 평가하고 피드백을 해 줄 수 있다.

도입

01 어떻게 하면 발표를 효과적으로 잘할 수 있습니까?

02 PPT를 사용해서 발표를 해 본 적이 있습니까? 발표할 때 PPT를 사용하면 어떤 점이 좋습니까?

PPT 발표 준비

PPT 발표 준비

파워포인트(power point)를 만들어서 발표할 때는 다음과 같은 순서로 준비한다.

스토리보드 만들기	➜	슬라이드 선택하기	➜	슬라이드 만들기	➜	리허설 하기
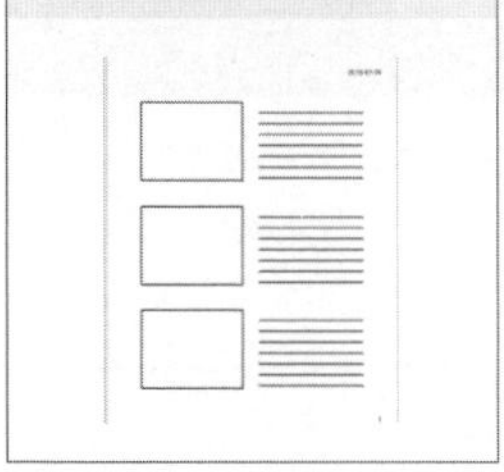				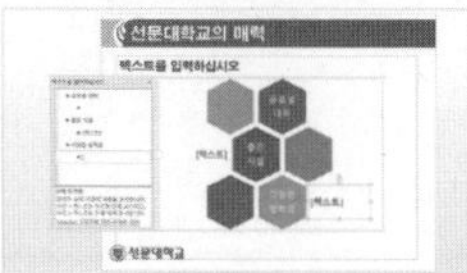		

PPT 자료 작성 시 주의점

01 화면을 구성할 때 눈의 동선에 맞게 구성하는 게 좋다. 눈의 동선은 전체적으로 왼쪽 상단에서 오른쪽 하단으로 움직인다. 그러므로 중요한 것이나 내용의 시작을 왼쪽 상단에서부터 하는 것이 좋다.

02 시각 효과를 높이기 위하여 슬라이드의 레이아웃과 글씨체, 번호, 도표의 모양 등에 일관성이 있어야 한다.

1) 슬라이드 레이아웃 및 글씨체의 일관성

〈올바른 예〉

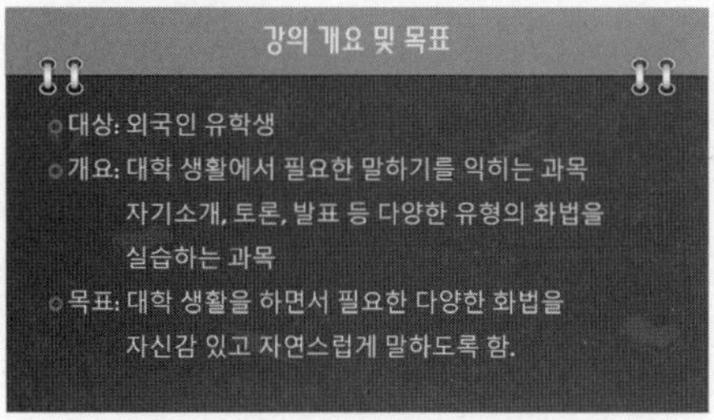

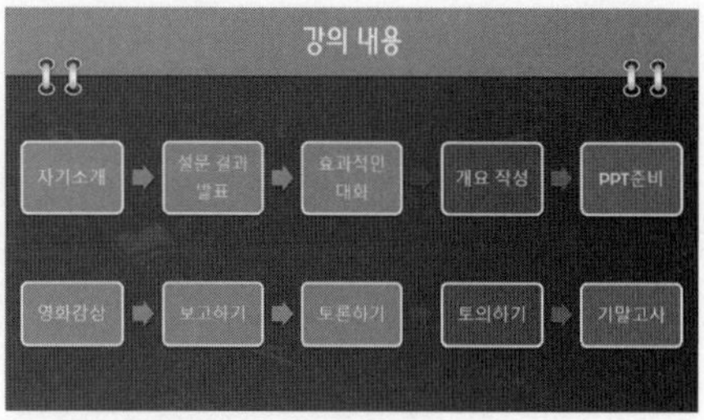

〈잘못된 예〉

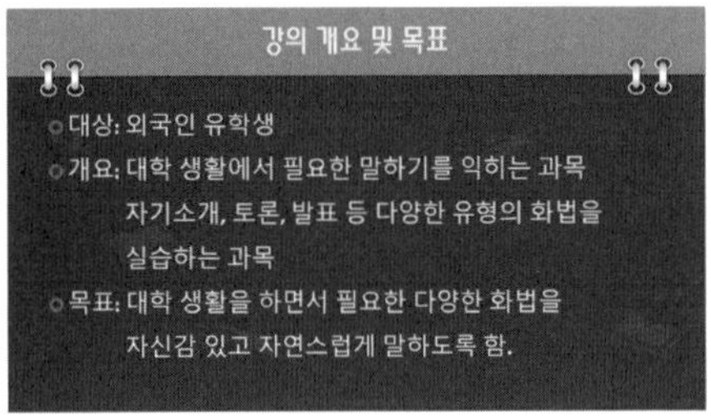

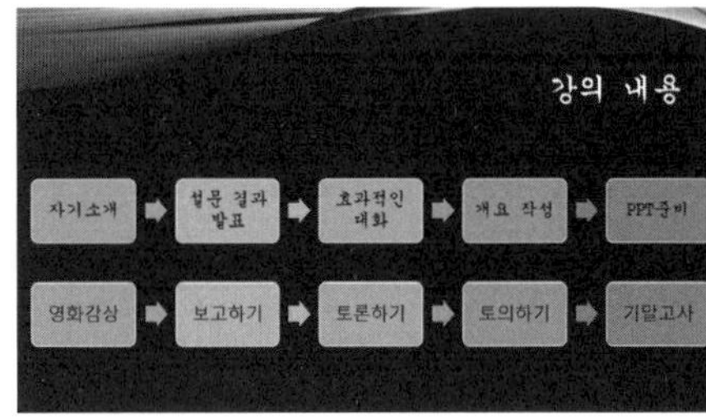

2) 번호의 일관성

〈올바른 예〉

Ⅰ.
1.
1)
①
2)
Ⅱ.
1.
1)
2.

〈잘못된 예〉

Ⅰ.
1)
1.
①
2)
Ⅱ.
1.
1)
2.

3) 도표, 모양의 일관성

〈올바른 예〉

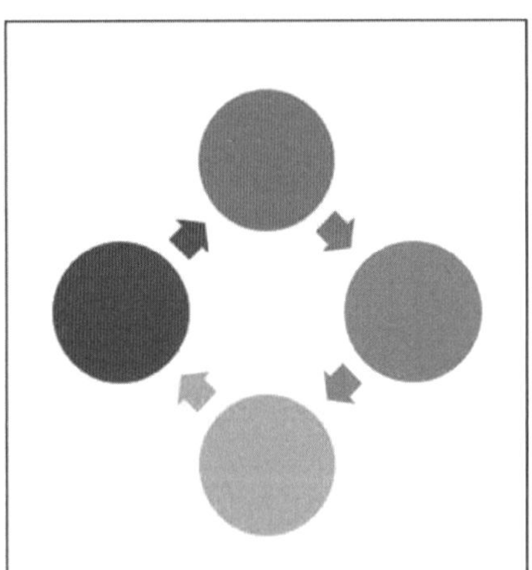

〈잘못된 예〉

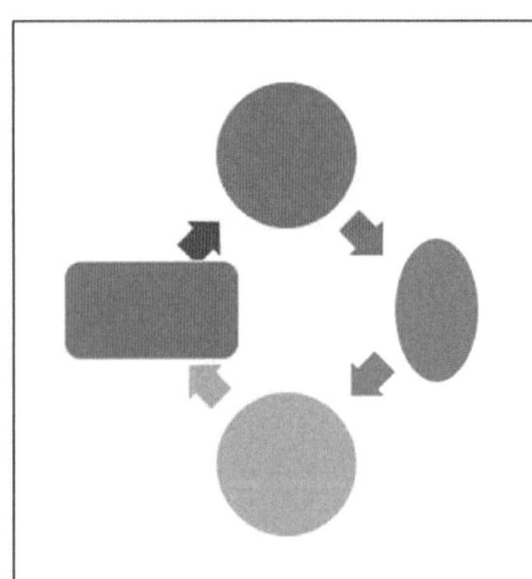

03 PPT 자료에는 텍스트 내용을 그대로 나열하지 않고 핵심 내용만 간략하고 알기 쉽게 적는다. 또한 하나의 슬라이드에 너무 많은 내용을 쓰는 것은 좋지 않다. 한 화면당 자료의 양은 7±2줄 정도가 좋다.

1) 핵심 내용으로 정리

〈올바른 예〉

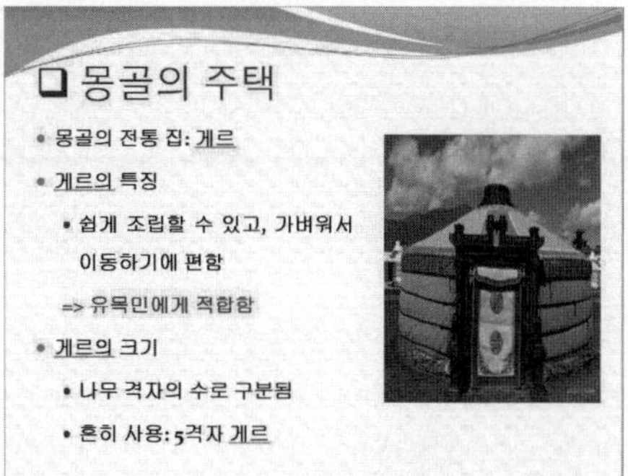

〈잘못된 예〉

2) 정보의 양

〈올바른 예〉

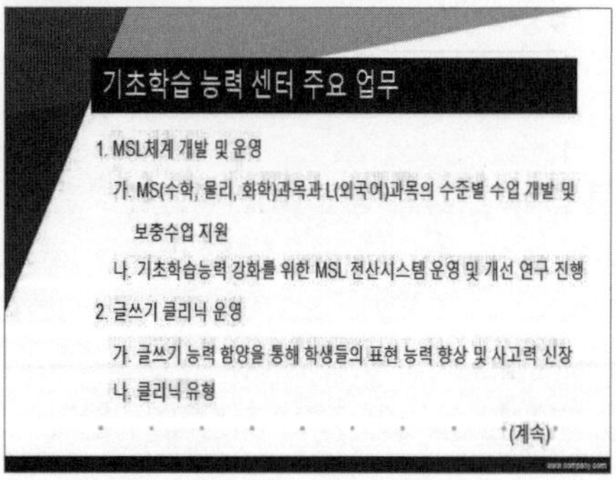

〈잘못된 예〉

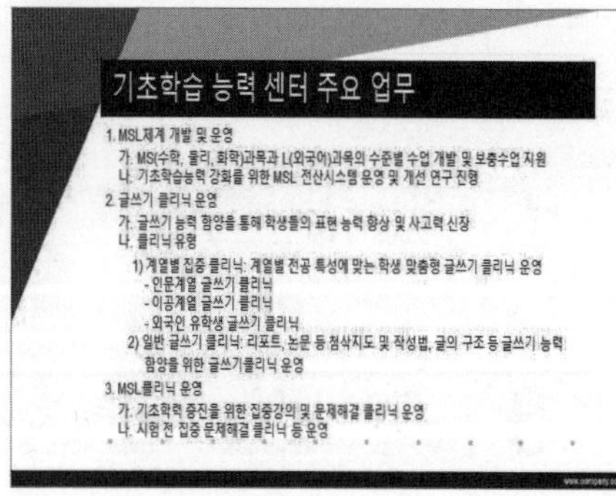

04 글자보다는 그림, 도형, 도표 등 시각화한 자료를 활용하여 전달 효과를 높인다.

〈올바른 예〉

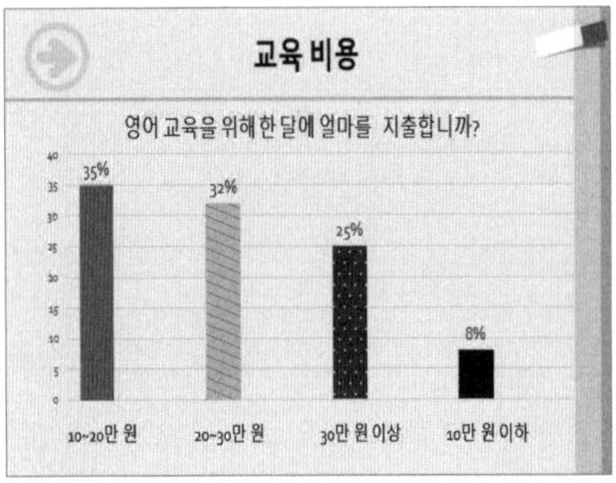

〈잘못된 예〉

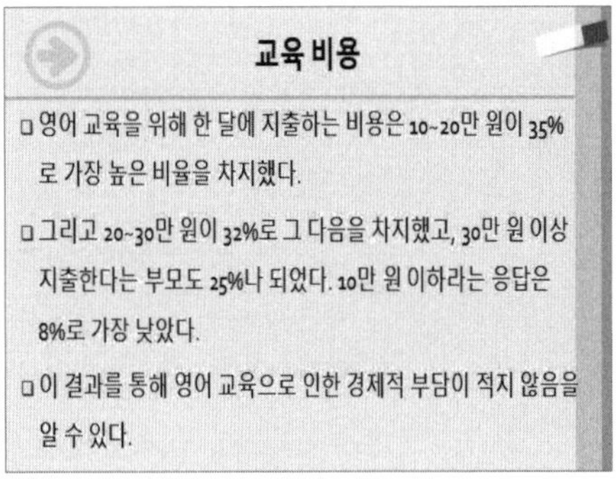

05 PPT 자료 내용이나 표현에 오류가 없는지 확인한다.

06 지나친 애니메이션 효과는 오히려 집중에 방해가 된다.

07 발표 전에 PPT 자료를 작동하면서 발표 연습을 충분히 한다.

08 영상 파일, mp3 파일 등은 PPT를 저장한 폴더에 같이 저장해야 한다.

PPT 만들기

01 표지 만들기

1) 표지 슬라이드를 만들 때 주의할 점

① 주제에 맞게 슬라이드를 선택하고 꾸민다.

② 제목과 발표자의 이름이 잘 드러나도록 슬라이드를 선택한다.

③ 글자 크기를 균형 있게 작성해야 한다.

〈올바른 예〉

①

②

〈잘못된 예〉

③

- 슬라이드가 너무 단순하다.
- 제목이 좀 더 가운데 와야 하고 글자 크기를 조정해야 한다.

④

- 주제에 맞는 슬라이드이지만 배경 색 때문에 글씨가 잘 안 보인다.
- 글자 크기 편집이 필요하다.

2) 다음의 표지를 보면서 잘된 점과 문제점에 대해 이야기해 봅시다.

①

②

③

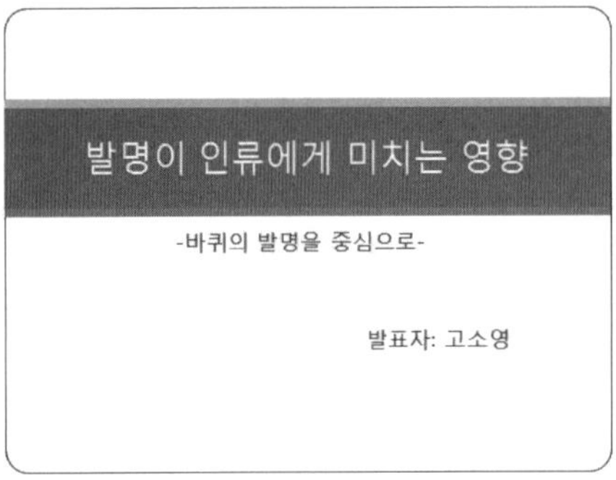

④

02 목차 만들기

1) 목차 슬라이드를 만들 때 주의할 점

① 목차는 발표문의 개요 중 본론 부분에 해당하는 것을 쓰면 된다.

② 긴 문장을 그대로 옮기지 않고 압축적으로 제시한다.

③ 목차를 통해서 발표 내용이 논리적이며 일관성이 있는가를 알 수 있다.

〈올바른 예〉

①

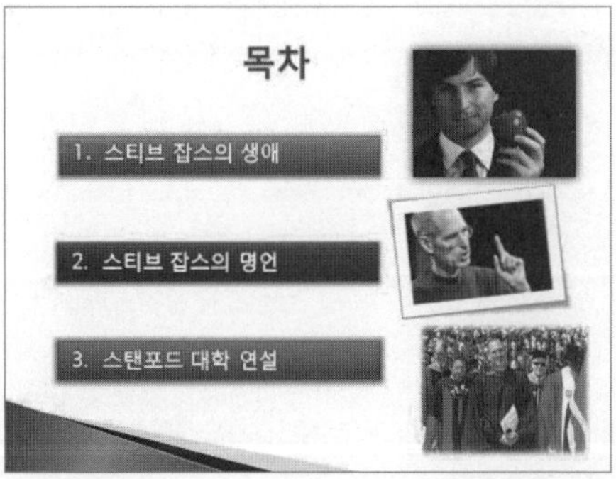

②

〈잘못된 예〉

③

· 드라마 소개에 맞는 목차이지만 배경 때문에 글씨가 잘 안 보인다.

· 글자 크기를 균형 있게 써야 한다.

④

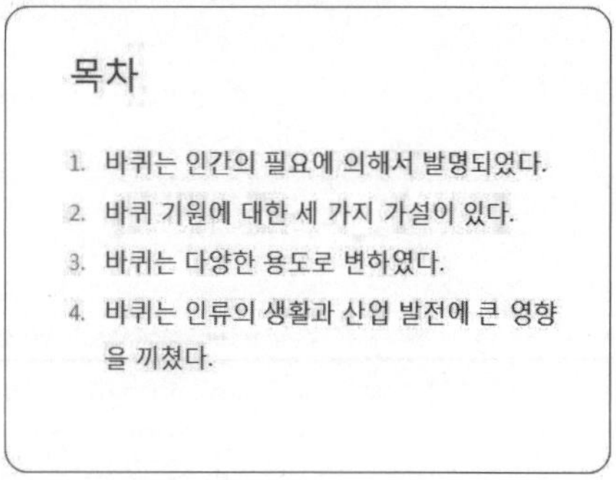

· 목차 내용은 논리적이지만 문장으로 쓰지 않고 핵심적 내용으로 써야 한다.

· 슬라이드 배경이 너무 단순하다.

2) 다음의 목차를 보면서 잘된 점과 문제점에 대해 이야기해 봅시다.

①

②
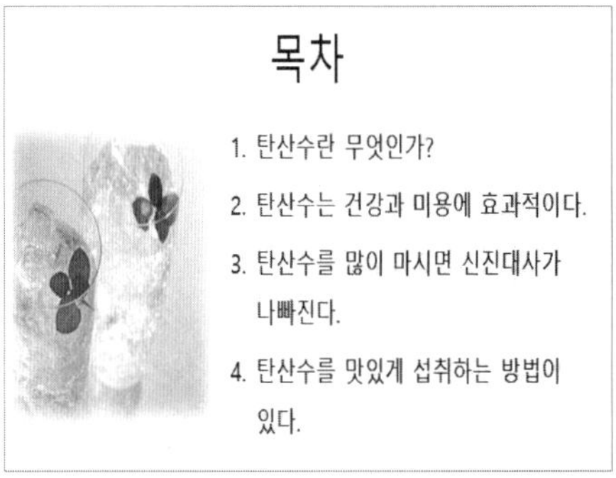

③
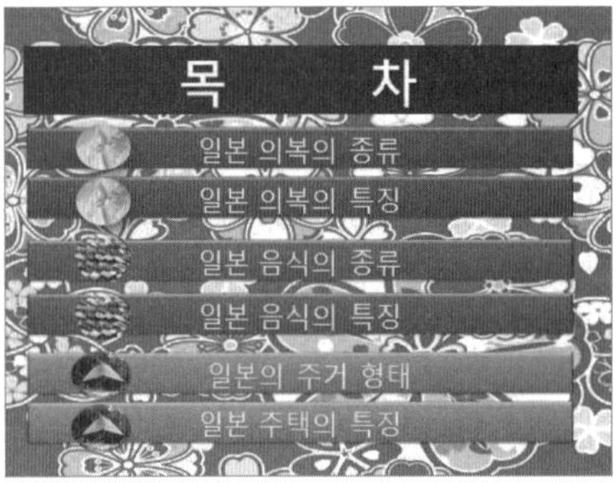

④
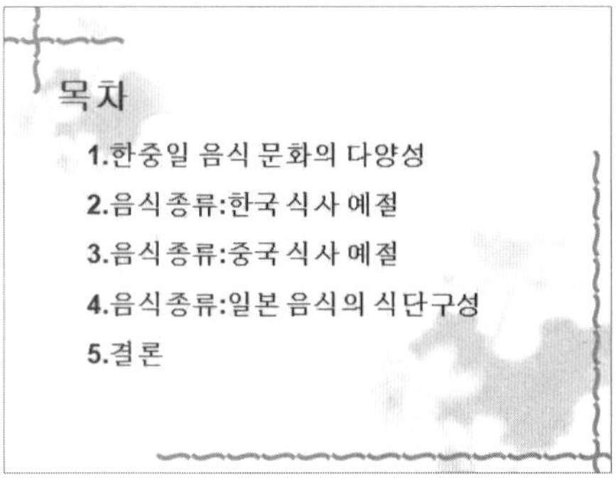

03 본문 작성하기

1) 본문 슬라이드를 만들 때 주의할 점

① 글씨가 잘 보이는 슬라이드를 선택해야 한다.

② 본문을 작성할 때는 소제목에 알맞은 내용과 이미지를 써야 한다.

③ 지나치게 많은 내용을 담거나 너무 간략하게 하지 않는다.

④ 긴 문장을 쓰는 것이 아니라 핵심 내용을 한눈에 볼 수 있도록 구성한다.

〈올바른 예〉

①

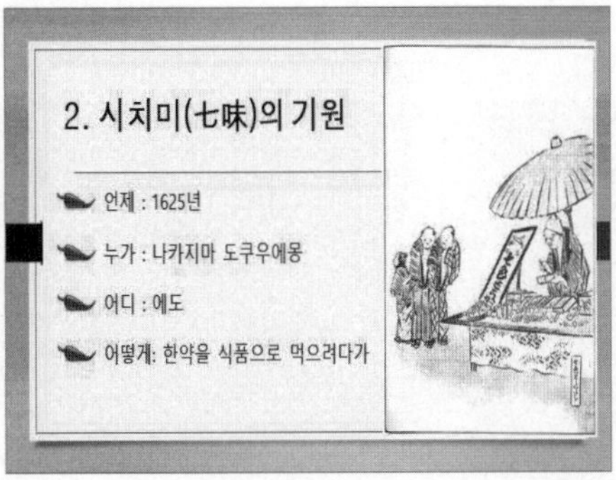

②

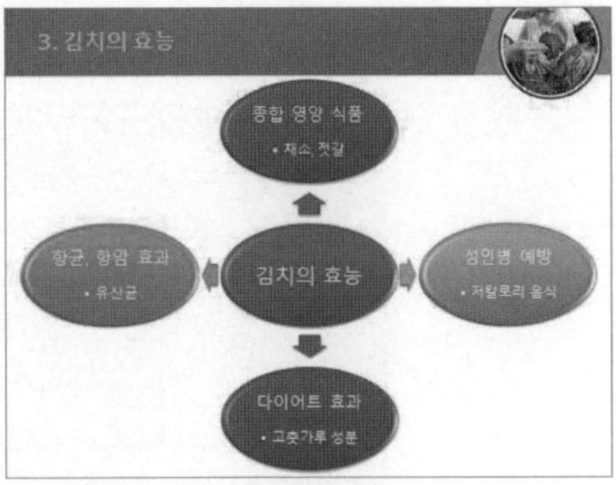

〈잘못된 예〉

①

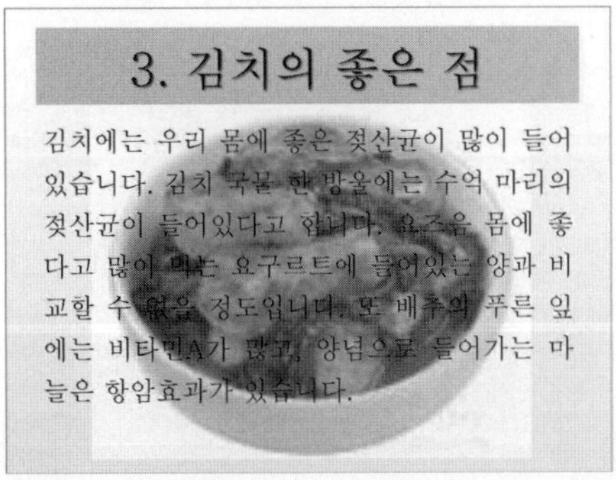

· 김치 그림 때문에 글자가 잘 안 보인다.

· 내용을 복사해서 붙여 넣지 말고 핵심내용을 한 눈에 볼 수 있게 구성해야 한다.

②

· 주제와 관련된 슬라이드이고 내용도 한눈에 보이도록 구성했지만 내용과 맞지 않는 이미지를 사용했다.

· 배경 슬라이드의 색이 좀 더 단순하면 좋겠다. 눈이 좀 어지럽다.

③

· 슬라이드가 소제목과 맞는 내용이지만 내용을 지나치게 간략하게 구성하였다.

④

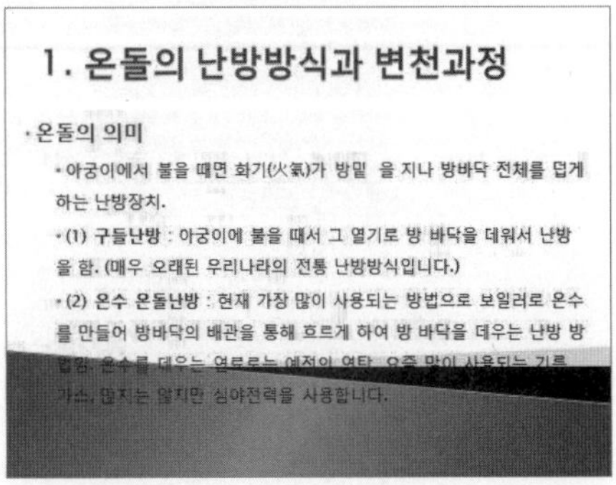

· 소제목과 내용이 맞고 9줄로 양도 적당하지만 배경 디자인 때문에 밑에 있는 글자가 잘 안 보인다.

· 내용에 맞는 이미지를 첨가하면 좋겠다.

2) 다음의 본문을 보면서 잘된 점과 문제점에 대해 이야기해 봅시다.

①

②
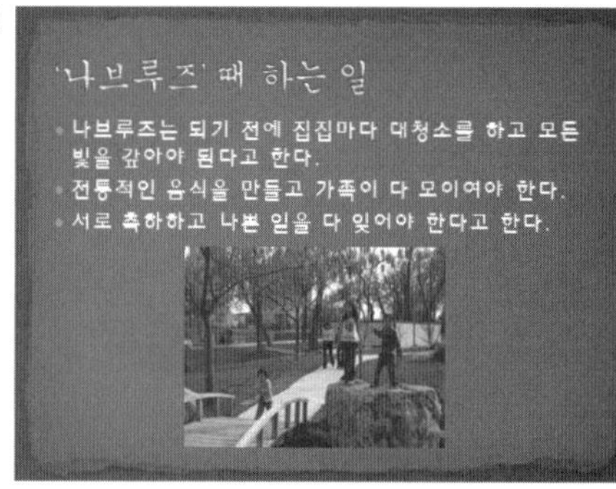

③

④
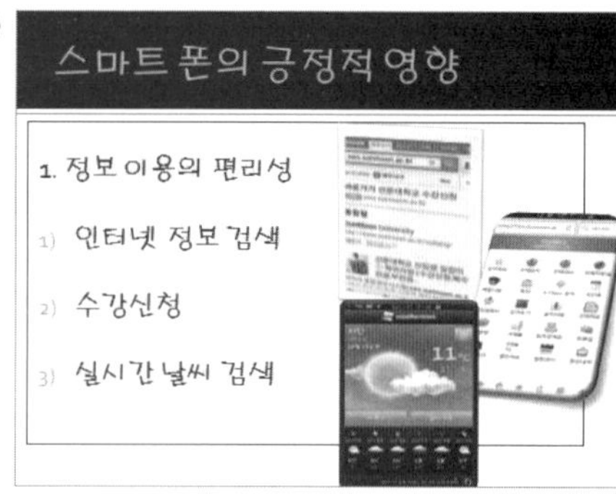

⑤

⑥
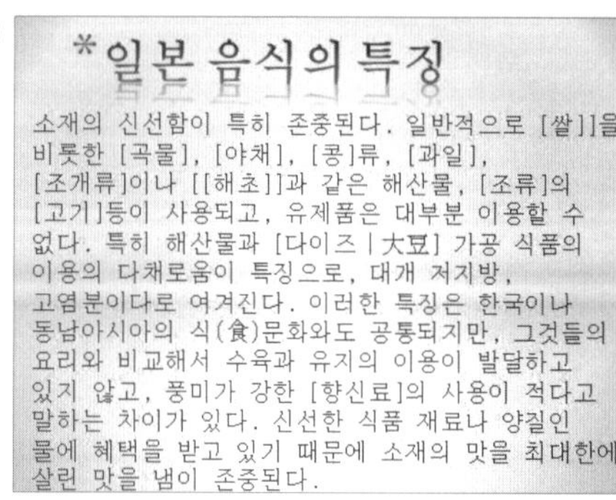

활동 1

01 3과 개요 작성하기에서 김치 부분을 보고 PPT를 만들어 보세요.

① 첫 화면

제 목: ______________

학과: ________
학번: ________
이름: ________

② 두 번째 화면

목 차

1. ______________
2. ______________
3. ______________

③ 세 번째 화면

소제목: ______________

내용

④ 네 번째 화면

소제목: ______________

내용

⑤ 다섯 번째 화면

소제목: ________________

내용

⑥ 여섯 번째 화면

소제목: ________________

내용

⑦ 마지막 화면 1

마무리:

내용

⑧ 마지막 화면 2

감사합니다.

02 다음은 PPT를 만들어서 발표할 때 도입부와 마무리의 예입니다.

1) 발표 도입부

인사 및 자기소개	안녕하십니까? 저는 OOO 학과 OO 학번 OOO입니다.
주제 제시	저는 오늘 한국의 대표적인 음식인 '김치'에 대해서 발표하고자 합니다.
발표 목적 및 이유	한국을 대표하는 음식으로 김치 외에도 여러 음식이 있습니다. 그런데 제가 김치를 발표 주제로 선정한 이유는 김치를 좋아할 뿐만 아니라 김치가 세계 5대 건강식품으로 뽑힐 만큼 건강에 좋기 때문입니다. 제 발표를 통해 학우들이 김치에 대해서 자세히 알고 더욱 관심을 가졌으면 좋겠습니다.
내용 전개 순서	이를 위해 오늘 발표는 첫째, 김치의 역사 둘째, 김치의 종류 그리고 마지막으로 김치의 효능 이렇게 세 부분으로 나누어 말씀드리고자 합니다.

2) 발표 마무리

마무리 언급	이상으로 한국의 김치에 대해서 살펴보았습니다.
요약	지금까지의 내용을 요약하면 다음과 같습니다. 김치를 먹기 시작한 것은 삼국시대부터이지만 지금과 같은 김치는 조선 중기 이후에 나타났습니다. 그리고 김치는 크게 김장김치와 보통 김치로 나뉘는데 김치에는 항암효과, 다이어트 효과 등 여러 효능이 있습니다.
결론	김치는 한국의 고유 음식이지만 김치의 맛과 효능으로 인해 세계적으로 관심을 받고 있습니다. 따라서 앞으로 김치가 더욱 사랑받을 수 있도록 연구해야 할 것입니다.
질의응답	오늘 발표에 대해 혹시 질문이 있으십니까?
끝인사	이상으로 발표를 마치겠습니다. 지금까지 제 발표를 들어 주셔서 감사합니다.

표현

1. 제목 슬라이드를 보면서

1) 인사 및 발표자 소개
- 안녕하십니까? 오늘 발표를 맡은 ________과 ______학번 _________입니다.
- 안녕하십니까? 오늘 발표를 맡은 __________조 대표 _____________입니다.

2) 주제 제시
- 오늘 제가 발표할 내용은 ___________에 대한(관한) 것입니다.
- 오늘 저는 ___________에 대해서 발표하고자 합니다.

3) 발표 목적(이유)
- 제 발표의 목적은 이 발표를 통해 _______________하는 데 있습니다.
- __________하기 때문에 ______에 대해(이 주제에 대해) 발표하고자 합니다.

2. 목차 슬라이드를 보면서

1) 내용 순서 제시하기
- ____에 대해서 이런 순서로 / 다음과 같은 순서로 말씀드리겠습니다.
- 오늘 발표할 내용을 _________, ___________, _________ 순으로 발표하겠습니다.
- 저는 발표 내용을 다음과 같이 나누어 설명하고자 합니다. 첫째, __________ 둘째, _________ 셋째, ________ 마지막으로(끝으로) _____________입니다.

3. 본문 슬라이드를 보면서

1) 내용 전개
- 먼저 ____에 대해서 살펴보겠습니다.
- 다음은 ____에 대해 알아보겠습니다.

4. 마지막 슬라이드를 보면서

1) 마무리 언급하기
- 이상으로 _____________________________에 대해서 살펴보았습니다.

2) 요약하기
- 지금까지 말씀 드린 내용을 간단히 요약하면.......
- 이상에서 살펴본 바와 같이.......

3) 질의응답
- 제 발표에 대해 질문이나 의견이 있으시면 말씀해 주시기 바랍니다.
- 혹시 질문이 있으십니까?

4) 끝인사
- 이상으로 발표를 마치겠습니다. 지금까지 발표를 들어 주셔서 감사합니다.

활동 2

01 조별로 주제를 정해서 PPT를 만들고 발표해 봅시다.

주제		
역할 분담	이름	맡은 내용

02 다음의 기준을 참고하여 친구들의 발표를 평가해 봅시다.

1) 발표

① 원고를 모두 외워서 하고 있는가?

② 발음과 속도, 그리고 목소리의 크기가 적절한가?

③ 청중의 호응을 이끌어 내면서 설득력 있게 발표하는가?

④ 교재에 나온 표현들을 사용하고 있는가?

⑤ 발표 태도가 바른가?

2) 내용

① 주제가 흥미로운가?

② 발표 내용이 주제와 맞는가?

③ 내용이 논리적인가?

④ 중복되거나 불필요한 부분은 없는가?

⑤ 내용이 너무 길거나 짧지 않은가?

3) PPT

① 주제와 슬라이드 배경이 잘 맞는가?

② 문장을 길게 쓰지 않고 핵심 내용만 썼는가?

③ PPT에 이미지와 내용이 잘 편집되어 있는가?

④ 제목, 목차, 내용을 형식에 맞게 잘 작성했는가?

⑤ PPT 자료들이 발표 내용을 지지하는가?

순	주제	발표 (10점)	내용 (10점)	PPT (10점)	합계
1					
2					
3					
4					
5					
6					
7					
8					
9					
10					

03 가장 잘한 팀을 뽑고 그 이유를 말해 봅시다.

1) 가장 잘한 팀:

2) 이유:

3) 개선해야 할 점:

04 자기 팀의 발표를 평가해 봅시다.

1) 주제:

2) 잘한 점:

3) 개선해야 할 점:

제5과

한국어의 다양한 표현

제5과 한국어의 다양한 표현

학습목표

1. 요청하기와 맞장구치기 등 다양한 표현을 익힌다.
2. 다양한 의성어와 의태어를 익히고 표현할 수 있다.
3. 다양한 관용어를 사용하여 효과적으로 대화할 수 있다.

도입 1

01 여러분은 다른 사람에게 부탁할 때 어떻게 말합니까?

02 여러분이 알고 있는 맞장구치기 표현은 무엇이 있습니까?

03 친구나 어른들에게 칭찬을 들었을 때 어떻게 대답합니까?

표현 1

01 다음 대화에서 요청하기 표현을 찾아봅시다.

| 예문 |

준수: (무거운 짐을 혼자 들고 가다가 친구를 만났다.) 민주야, 마침 잘 만났다. **괜찮으면** 이 짐 **좀** 같이 들고 학생회관까지 **가 줄 수 있어?**

민주: 그럼, 혼자 들고 가기엔 너무 무겁겠네.

| 예문 |

영철: (과제로 설문 조사를 해야 한다. 지나가는 학생에게)
저, **실례지만** 시간이 되시면 설문 조사를 **부탁드려도 될까요?**

학생: 네, 시간이 오래 걸리지 않는다면 괜찮아요.

〈요청하기 표현〉

1. 의문형 요청	좀 ~해 주지 않을래요? ( )
2. 평서형 요청	~좀 부탁합니다. ( )
3. 명령형 요청	~해 주세요. ( )
4. 겸양 표현 요청	괜찮다면, ( )

02 다음 대화에서 맞장구치는 표현을 찾아봅시다.

| 예문 |

희영: 지난주 수요일에 길을 가는데 할머니가 비틀거리시는 거예요. 그래서 얼른 달려가서 부축하고 주변 사람들에게 도움을 요청했는데 다들 잘 도와주시더라고요.

민주: **어머나, 정말이에요?** 많이 놀랐겠네요. 그래도 주변에서 도와주었다니 다행이에요.

희영: **그러게 말이에요.** 아직은 따뜻한 사회예요.

| 예문 |

주연: 아! 왜 과제들은 이번 주에 몰려 있을까?

민주: **내 말이 그 말이야.** 과제가 몰려 있으니까 과제를 잘 못해 가서 속상해.

주연: **맞아,** 시간이 부족하니까 완성도가 떨어져.

〈맞장구치기 표현〉

1. 동의하기	그래, ( ), ( )
2. 공감하기	아! 그렇군요, ( )
3. 확인 질문하기	그래요?, 진짜요? ( )
4. 감탄하기	세상에, 어쩜, 대단하네요, ( )

03 다음 대화에서 칭찬에 대답하는 표현을 찾아봅시다.

| 예문 |

교수: 학생은 설문 조사를 충실하게 해서 좋은 보고서를 만들었군.

영철: 그렇게 말씀해 주셔서 **감사합니다.**

| 예문 |

진영: 이번 축제 때 너 춤을 정말 잘 추더라.

형철: **잘 추기는.** 그냥 취미로 하는 거뿐이야.

〈칭찬에 대답하는 표현〉

1. 부정하기	아니에요, 뭘요, ( )
2. 감사하기	고마워요, ( )
3. 겸양 표현	별말씀을요, ( )

연습 1

01 다음 상황에 알맞은 표현을 써서 대화를 완성해 봅시다.

1) 요청하기

상황 1: 교수님께 과제 제출 기한을 연장해 달라고 요청하고 있다.

민영: 교수님, 혹시 시간 좀 잠깐 내주실 수 있으세요?

교수: 그래, 무슨 일 때문에 그러지?

민영: 학생들이 과제 준비를 많이 못해서 그런데요. (   )

교수: 모든 학생들이 준비가 덜 되었다면 그렇게 하도록 하지.

상황 2: 조별 과제에 필요한 일을 분담하고 있다.

은하: 조별 과제를 할 때, 모든 조원이 참여해야 한다고 하셨으니까 각자 일을 분담하도록 하자. 민희가 시각디자인학과이고 PPT를 잘 만드니까 (   )

민희: 그래, 그렇게 하자. 그럼 자료 조사는 어떻게 할까?

은하: 민희가 PPT를 만드니까 우리가 조사를 해야 할 것 같아. 조사 방법은 문헌 찾기와 전문가 인터뷰가 있는데 둘씩 짝을 지어서 분담하자.
영철이와 지수가 (   )

영철, 지수: 좋아. 그렇게 할게.

2) 맞장구치기

상황 1: 친구와 아이돌의 콘서트를 보고 있다.

한수: 표 구하기가 너무 어려웠는데 이렇게 공연장에 오니까 정말 좋다.

민영: (   ), 좋아하는 가수들을 직접 보니까 꿈을 꾸고 있는 것 같아.

상황 2: 부모님과 한국 음식을 먹고 있다.

아버지: 한국 음식은 반찬이 참 다양하게 나오네.

나: (   ), 거기에다가 반찬을 추가해도 모두 무료예요.

어머니: (   )? 그리고 한국 음식에는 채소가 많이 들어가서 건강에도 좋을 것 같아.

아버지: 한국에 와서 너와 함께 밥을 먹으니 너무나 좋구나.

3) 칭찬에 대답하기

상황 1: 성적이 좋아서 장학금을 탔다.

아버지: 진우가 이번에 공부를 열심히 해서 장학금을 타다니 정말 대단하구나.

진우: (   ), 앞으로 더 열심히 해서 기쁘게 해 드릴게요.

상황 2: 진영이 공모전에서 수상을 하였다.

명주: 이렇게 큰 상을 받다니 축하해.

진영: (   ), 네가 도와준 덕분이야. 네 아이디어가 큰 도움이 되었어.

명주: (   ), 다 네가 열심히 노력한 결과지.

활동 1

01 친구에게 교재를 빌리는 상황을 가정하여 요청하기 대화를 만들어 봅시다.

나: ______________________________

친구: ______________________________

나: ______________________________

친구: ______________________________

02 이성 친구에게 화가 난 친구의 상황을 가정하여 맞장구치기 대화를 만들어 봅시다.

친구: ______________________________

나: ______________________________

친구: ______________________________

나: ______________________________

03 부모님께 칭찬 받는 상황을 가정하여 칭찬에 대답하는 대화를 만들어 봅시다.

부모님: ______________________________

나: ______________________________

부모님: ______________________________

나: ______________________________

도입 2

01 아래 그림을 보고 알맞은 의성어나 의태어를 말해 봅시다.

02 아래 그림을 보고 알맞은 질문에 답해 봅시다.

1) 위 그림은 어떤 의미인지 말해 봅시다.

2) 여러분이 알고 있는 한국어 관용어는 어떤 것이 있습니까?

어휘

01 다음 의성어, 의태어에 어울리는 동사를 연결해 봅시다.

① 꾸벅꾸벅 ▪	▪ ⓐ 그릇이 깨지다
② 으슬으슬 ▪	▪ ⓑ 비가 내리다
③ 쨍그랑 ▪	▪ ⓒ 찌개가 끓다
④ 꿀꺽 ▪	▪ ⓓ 졸다
⑤ 보글보글 ▪	▪ ⓔ 떠들다
⑥ 주룩주룩 ▪	▪ ⓕ 춥다
⑦ 쾅 ▪	▪ ⓖ 걷다
⑧ 터벅터벅 ▪	▪ ⓗ 삼키다
⑨ 웅성웅성 ▪	▪ ⓘ 부딪히다
⑩ 뚝 ▪	▪ ⓙ 떨어지다
⑪ 지끈지끈 ▪	▪ ⓚ 머리가 아프다
⑫ 후루룩 ▪	▪ ⓛ 국수를 먹다
⑬ 데굴데굴 ▪	▪ ⓜ 도망가다
⑭ 울긋불긋 ▪	▪ ⓝ 사진을 찍다
⑮ 후다닥 ▪	▪ ⓞ 공이 구르다
⑯ 찰칵 ▪	▪ ⓟ 단풍이 들다

연습 2

01 위의 의성어, 의태어를 활용하여 짧은 문장을 만들어 봅시다.

| 예문 |

① 계단에서 발을 헛디뎌서 **(데굴데굴)** 굴렀다.

② 감기로 머리가 **(지끈지끈)** 아파서 학교에 가지 못하였다.

1) 하루 종일 비가 (　　　　　) 내려서 마음이 울적하다.

2) 김치찌개가 (　　　　　) 끓고 있는 소리를 들으니 더 배가 고파진다.

3) 수업 시간에 (　　　　　) 졸다가 선생님께 혼이 났다.

4) 갑자기 문이 (　　　　　) 닫히는 바람에 모두들 놀랐다.

5) 가을이면 (　　　　　) 단풍이 들어서 산이 아주 아름답다.

6) 시험 기간에 친구들과 놀아서 성적이 (　　　　　) 떨어졌다.

7) 발표하기 전에 너무 긴장을 해서 침을 (　　　　　) 삼켰다.

8) 교실에서 학생들이 (　　　　　) 떠들어서 수업이 제대로 진행되지 못하였다.

9) 1월에 외투를 입지 않고 밖에 나갔더니 (　　　　　) 몸이 추워졌다.

10) (　　　　　) 소리에 돌아보니 동생이 그릇을 깼다.

02 다음과 같이 의성어와 의태어를 활용하여 대화를 만들어 봅시다.

| 예문 |

민수: 어제는 바람에 문이 **쾅** 닫혀서 얼마나 놀랐는지 몰라.

영주: 어제 바람이 부는데 옷을 얇게 입고 나가서 **으슬으슬** 추웠어.
머리가 **지끈지끈** 아픈 게 아마도 감기에 걸린 것 같아.

민수: 그래? 많이 아프면 어서 집에 들어가.

영주: 그래야 할 것 같아.

활동 2

한 명이 의성어, 의태어가 사용되는 상황을 설명하면 다른 친구들이 맞혀 봅시다.

| 예문 |

1) 가: 공이 굴러가는 모습을 나타내는 말은?
나: **데굴데굴**

2) 가: 공이 어떻게 굴러가요?
나: **데굴데굴** 굴러가요.

연습 3

01 다음 관용어에 맞는 의미를 연결해 봅시다.

① 눈이 높다	ⓐ 남이 잘되는 것을 보면 샘이 나다
② 발이 넓다	ⓑ 안목이 높다
③ 오지랖이 넓다	ⓒ 갑자기 뜻밖의 재난을 당하다
④ 얼굴이 두껍다	ⓓ 골고루 사귀어 아는 사람이 많다
⑤ 날벼락을 맞다	ⓔ 아무 일에나 쓸데없이 참견하다
⑥ 입이 무겁다	ⓕ 부끄러움을 모르다
⑦ 배가 아프다	ⓖ 돈이나 마음을 쓰는 정도가 후하고 크다
⑧ 손이 크다	ⓗ 비밀을 잘 지키다
⑨ 내 코가 석 자다	ⓘ 같은 말을 너무나 여러 번 듣다
⑩ 시치미를 떼다	ⓙ 당장의 내 일이 더 급하다
⑪ 귀에 못이 박히다	ⓚ 물건 값을 치르는 데 억울하게 손해를 보다
⑫ 김칫국을 마시다	ⓛ 다 되어 가던 어떤 일을 이루지 못하게 망치다
⑬ 산통을 깨다	ⓜ 자기가 하고도 모른 체하다
⑭ 바가지를 쓰다	ⓝ 좋은 분위기를 망치다
⑮ 미역국을 먹다	ⓞ 어떤 일이 다 된 것처럼 미리 기대를 하다
⑯ 찬물을 끼얹다	ⓟ 시험에 떨어지다

02 알맞은 관용어를 활용하여 대화를 완성해 봅시다.

| 예문 |

민주: 학원비를 내려면 아르바이트를 구해야 하는데 일자리가 없어서 막막하다.

영미: 현우가 **발이 넓어서** 도움을 줄 수 있을 것 같은데?

민주: 요즘 현우도 취업 준비 때문에 바쁜데 부탁해도 될까?

영미: 지금 **네 코가 석자**인데 이런 거 저런 거 따질 때니? 한번 부탁해 봐.

활동 3

01 관용어의 의미를 되새겨 보고 함께 이야기해 봅시다.

1) 여러분은 손이 큰 것을 어떻게 생각합니까?

2) 친구와 대화하다가 산통을 깬 적이 있습니까?

3) 바가지를 쓴 경험이 있습니까?

4) 여러분은 이성을 볼 때, 눈이 높은 편입니까?

5) 부모님께 귀에 못이 박히게 들었던 말이 있습니까? 무엇입니까?

6) 한국어 관용어와 비슷한 관용어가 여러분 나라에도 있습니까?

제6과

설문 조사하고 발표하기

제6과 설문 조사하고 발표하기

학습목표

1. 설문 조사의 과정을 배우고 익힌다.
2. 설문 조사와 관련된 어휘와 표현을 익힌다.
3. 설문 조사 결과를 도표로 만들고 설명할 수 있다.

도입

01 설문 조사를 해 본 적이 있습니까?

02 설문 조사를 한다면 어떤 주제로 하고 싶습니까?

03 다음 내용에 대해 설문 조사를 한다면 어떤 결과가 나올까요? 결과를 추측해 봅시다.

1) 한국인이 좋아하는 영화 장르는 무엇일까요?

① 코미디 ② 액션 ③ 로맨스 ④ 공포 ⑤ 애니메이션

2) 한국인이 가장 좋아하는 직업은 무엇일까요?

① 공무원 ② 의사 ③ 자영업 ④ 교사

3) 외국인 관광객이 가장 좋아하는 한국의 차(음료)는 무엇일까요?

① 식혜 ② 매실차 ③ 율무차 ④ 믹스 커피

4) 외국인 관광객이 가장 좋아하는 한국의 교통수단은 무엇일까요?

① 지하철 ② 시내버스 ③ 택시 ④ 고속철도

어휘

01 다음에서 알맞은 것을 골라 문장을 완성하십시오.

통계를 내다	종합적	비율	선호하다	통쾌하다
응답	순	차지하다	조사되다	

1) 가나다 (   )으로 정리해 주세요.

2) 몇 번을 불러도 아무 (   )이/가 없었다.

3) 악한 사람이 벌을 받게 되면 (   ).

4) 서울시의 인구를 지역별로 (   ) 그래프로 나타냈어.

5) 최근 공무원 합격률에서 여학생의 (   )이/가 높아지고 있다.

6) 한 나라를 볼 때, 역사와 문화, 사상 등을 (   )으로/로 보아야 한다.

7) 혼자 사는 사람이 전체 인구의 30퍼센트를 넘는 것으로 (   ).

8) 이번 복지 정책을 지지하는 국민이 전체 국민의 70퍼센트를 (   ).

9) 바깥에 나가서 밥을 먹는 것보다 집에서 밥을 해 먹는 것을 (   ).

표현

01 다음의 글을 읽고 설문 결과를 발표하는 표현을 익혀 봅시다.

- 조사 기관: 한국리서치연구소
- 조사 대상: 한국인, 15–50세 1,800명
- 조사 시기: 2021년

1. 코미디(25%)
2. 액션(21%)
3. 로맨스(17%)
4. 애니메이션(12%)
5. 공포(8%)

좋아하는 영화 장르는 무엇입니까?

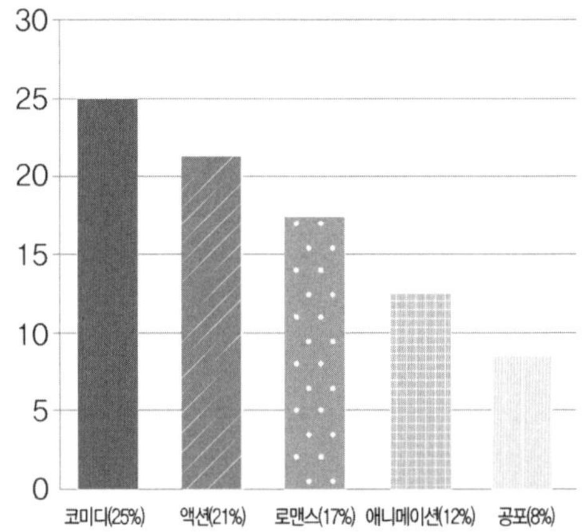

한국리서치연구소**에서** 2021년에 한국인 15세에서 50세, 1800명을 **대상으로** 좋아하는 영화 장르를 **조사한 결과는 다음과 같습니다.**

먼저, 코미디를 좋아한다는 응답이 25%로 **1위를 차지하였습니다. 그 다음으로** 액션 21%, 로맨스 17%, 애니메이션 12% **순이었습니다. 이외에도** 공포를 좋아한다는 응답도 **있었습니다.**

이러한 결과를 통해 한국 사람들은 웃음과 통쾌함을 주는 영화를 좋아한다**는 것을 알 수 있었습니다.**

02 다음 설문 결과를 오른쪽 표현을 이용해서 말해 봅시다.

가장 좋아하는 계절은 무엇입니까?

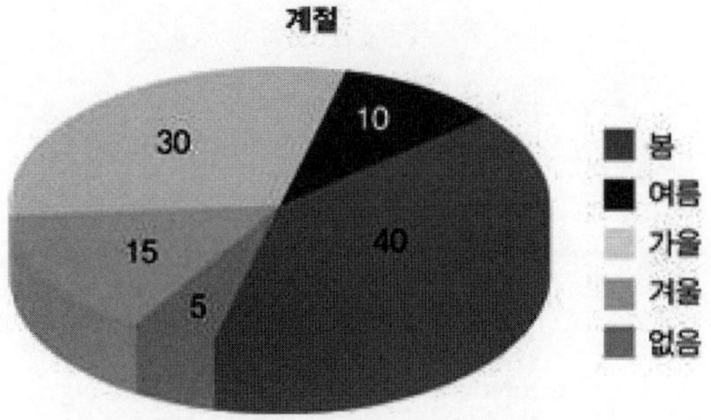

- 조사 기관: 선문리서치연구소
- 조사 대상: 전국 20대 남녀, 200명
- 조사 시기: 2021년

설문 주제

–이/가 –을/를 대상으로 –에 대해 조사한 결과는 다음과 같이 나타났습니다.

가장 많은 의견

① –이/가 –%로 1위를 차지하였습니다.
② 1위는 –로 –%였습니다.

다음 순위 의견

① 그 다음으로는 –이/가 –%, –이/가 –%, –이/가 –% 순이었습니다.
② 2위는 –%로, 3위는 –%로 나타났습니다.

기타 의견

① 그 밖에 –는 의견/응답도 있었습니다.
② 기타 의견은 –이었습니다.

설문 분석

① 설문 조사를 통해 –라는 사실을 알 수 있었습니다.
② 이 설문 조사로 –는다는 것을 알 수 있었습니다.

03 아래 표현을 사용하여 설문 조사를 발표해 봅시다.

취미가 무엇입니까?

〈조사 기관〉 한국대학교 동아리연합회

〈조사 대상〉 한국대학교 남학생 200명

〈조사 기간〉 2021년 12월 10일–12월 20일

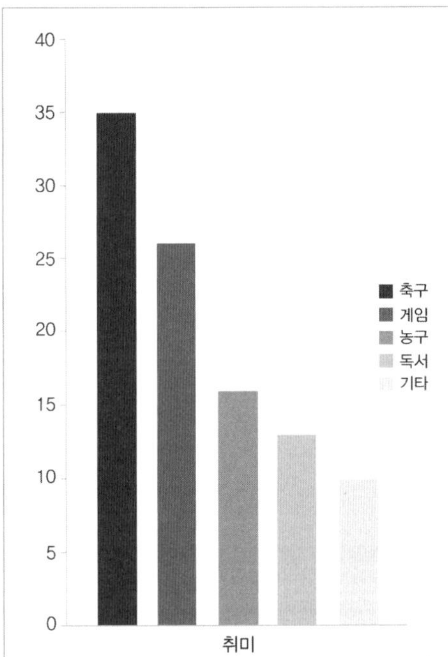

취미가 무엇입니까?

〈조사 기관〉 한국대학교 동아리연합회

〈조사 대상〉 한국대학교 여학생 200명

〈조사 기간〉 2021년 12월 10일–12월 20일

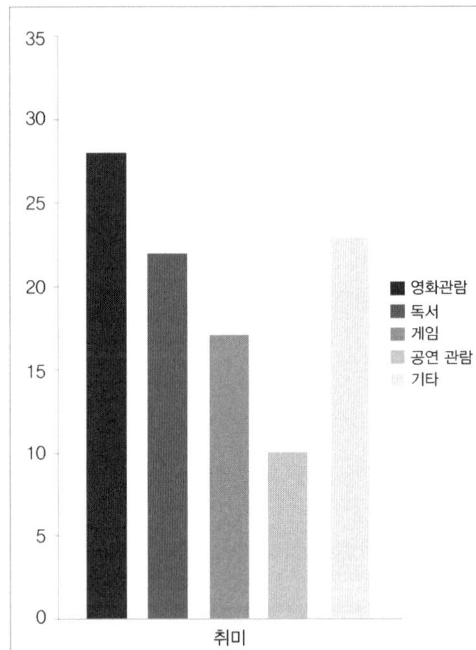

한국대학교 동아리연합회에서 2021년에 한국대학교 남학생과 여학생의 취미를 조사하였습니다.

그 결과, 남학생들의 경우 1위를 차지한 것은 축구였습니다. **반면에** 여학생들의 경우, 1위를 차지한 것은 영화 관람이었습니다. **남학생들의 순위에서 2위를 차지한 게임은 여학생들의 순위에서도 3위를 차지해 높은 비율로 나타났습니다. 한편,** 여학생들의 응답에서 2위를 한 독서는 남학생들의 순위에서 **4위에 그쳤습니다.**

전체적으로 살펴보면, 주로 남학생들은 축구나 농구 등의 운동이 취미라고 **응답하였고** 여학생들은 영화나 공연 등의 관람을 취미라고 **응답하였습니다.**

이를 통해 한국 남학생들은 주로 활동적인 취미를, 여학생들은 정적인 취미를 많이 가지고 있다는 것을 알 수 있었습니다.

연습

앞에서 배운 표현을 사용해서 다음 설문 결과를 설명해 봅시다.

01 한국 초등학생들의 희망 직업

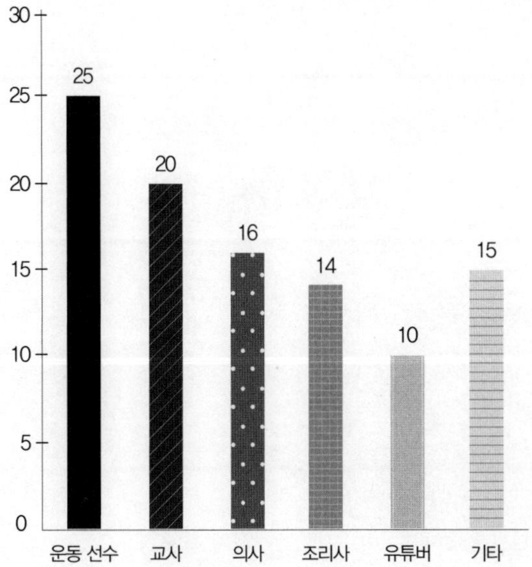

미래에 하고 싶은 직업은?

〈조사 기관〉
선문능력개발원

〈조사 기간〉
2021년

〈조사 대상〉
한국 초등학생 4,000명

02 외국인 관광객이 한국 여행 시 선호하는 주요 관광 활동

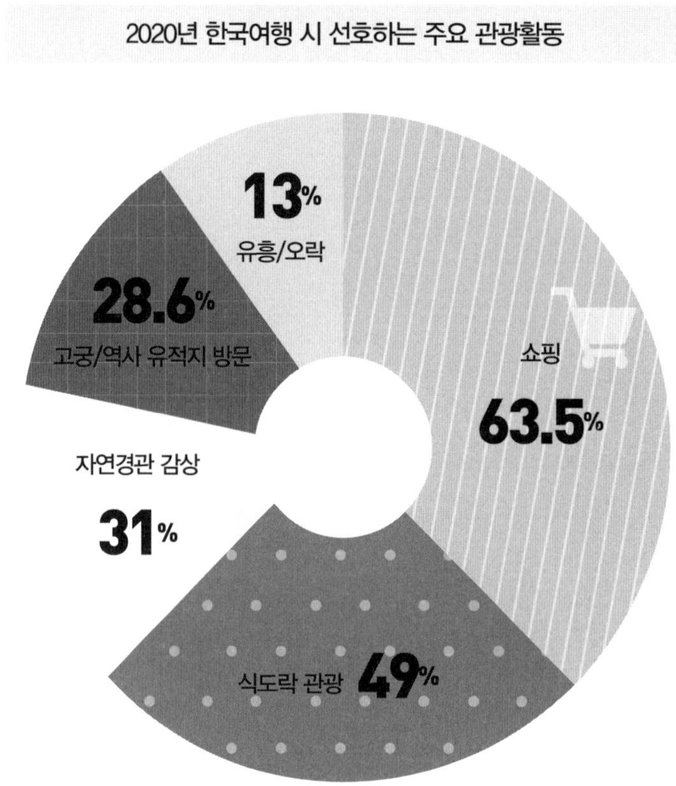

자료: 한국관광협회(2020), 외국인 관광객 1,000명 *중복응답

활동

01 설문 주제 정하기

1) 조사하고 싶은 주제는 무엇입니까?

2) 조사 목적이 무엇입니까?

02 조사 대상 정하기

1) 조사 목적에 맞는 대상이 누구입니까?

2) 몇 명을 조사하려고 합니까?

03 설문지 만들기

설문지를 조사 목적에 맞게 만들어야 설문이 적절하게 이루어질 수 있습니다. 아래의 예시를 보고 설문지를 만들어 보세요.

〈설문지 예시〉

주제: 외국인 유학생이 좋아하는 한국 음식
목적: 학생 식당의 메뉴 개발을 위해
대상: 외국인 유학생 500명

(1) 당신의 성별은 무엇입니까?
① 남성 ② 여성

(2) 어느 나라에서 왔습니까?
(   )

(3) 당신이 가장 좋아하는 한국 음식은 무엇입니까?
(   )

(4) 왜 위 음식을 좋아합니까?

(5) 학생 식당의 음식 값은 얼마가 적정한 것 같습니까?
① 3,000원 이하 ② 3,000원~5,000원 ③ 5,000원~7,000원 ④ 7,000원 이상

〈설문지 예시〉

주제: ______________________________

목적: ______________________________

대상: ______________________________

1)

2)

3)

4)

04 인터뷰하기: 위에서 작성한 설문 문항으로 인터뷰를 해 봅시다.

순서	표현
소개와 동의 확인	안녕하세요? 저는 00대학교 00학과 000입니다. 학교에서 설문 조사를 하는 과제가 있는데 잠시 시간을 내주실 수 있습니까?
주제 제시와 설문 조사	▪ 설문 조사의 주제는 ______________입니다. ▪ 설문 조사는 ______________에 대한 것입니다. ▪ 그럼, 지금부터 질문 드리겠습니다. ▪ 어떤 ______________을/를 가장 선호하세요? ▪ 설문지에서 가장 좋아하는 _____을/를 골라 주세요. ▪ 다음 문항에서 __________을/를 선택해 주세요.
감사 표현과 마무리 인사	시간을 내주셔서 감사합니다. 답변해 주셔서 감사합니다.

05 조사 결과 정리하기

설문 조사 결과를 그래프로 정리해 봅시다.

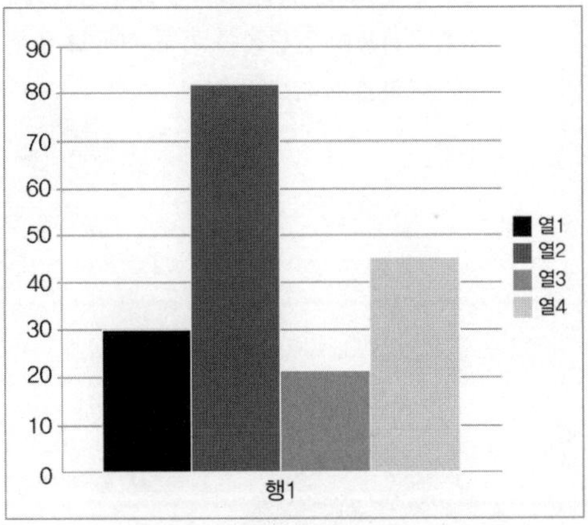

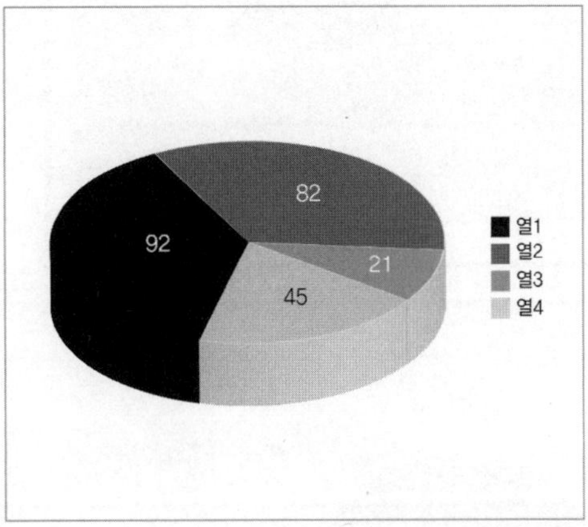

06 발표하기

순서	표현	
인사/발표자 소개	안녕하세요? 저는 00대학교 00학과 0학년 000입니다.	
목적 제시	우리 팀은 –을/를 대상으로 –에 대해 설문 조사를 했는데 이 설문 조사의 목적은 –기 위해서입니다.	
결과 제시	가장 많은 응답 제시	▪ –이/가 1위를 차지하였습니다. ▪ –이/가 –%로 가장 많았습니다.
	순차적 응답 제시	▪ 그 다음으로는 –이/가 –%, –이/가 –%, –이/가 –% 순이었습니다. ▪ 그 다음으로는 –이/가 –%로 2위, –이/가 –%로 3위, –이/가 –%로 4위로 나타났습니다.
	기타 제시	▪ 그 밖에 –이라는/라는 의견이 있었습니다.
결과 분석	▪ 이러한 결과를 통해 –이라는/라는 것을 알 수 있었습니다. ▪ 이러한 결과가 나타난 이유는 – 때문이라고 생각합니다.	
발표 마무리	▪ 잘 들어 주셔서 감사합니다. ▪ 이상으로 발표를 마치겠습니다.	

일본 유학생들이 생각하는
한국생활의 장단점
글로벌 한국학과: 아이유
국제경영학과: BTS
식품영양학과: 줄리아
1
대상 및 목적
• 대상: 일본 유학생 94명
• 목적: 한국에 온 일본 유학생들이 생각하는 한국생활의 장단점을 통해 한국과 일본의 차이점을 알아보기 위해
2
좋은 점
5%
31%
15%
22%
27%
음식이 맛있다
교통비가 싸다
한국문화를 배울 수 있다
물가가 싸다
한국의 가족을 만날 수 있다
3
안 좋은 점
10%
23%
13%
16%
20%
18%
버스의 운전이 무섭다
화장지를 변기에 버릴 수 없다
불편한 점이 없다
한국인이 좀 무섭다
음식이 맵다
기타
4
마무리
• 한국과 일본은 지리적으로 가까운 나라이지만 이번 설문조사를 통해 두 나라에 문화적, 경제적인 차이가 있다는 것을 알게 되었고, 일본 유학생들이 한국생활을 어떻게 생각하는지 알게 되었다.
4
감사합니다!
5

제7과

영화 감상

제7과 영화 감상

학습목표

1. 영화 감상에 관한 어휘와 표현을 익히고 이를 활용하여 말할 수 있다.
2. 영화에 대한 감상을 효과적으로 발표할 수 있다.

도입

01 여러분이 본 영화 중에 인상적인 영화는 무엇입니까? 왜 그렇습니까?

02 친구 또는 가족에게 추천하고 싶은 영화가 있습니까? 무슨 영화입니까?

03 여러분은 어떤 기준으로 영화를 고릅니까? 아래의 항목을 참고하여 자신이 영화를 선택하는 기준에 대해 이야기해 봅시다.

> 장르, 감독, 배우, 줄거리, 평점, 입소문,
> 예고편, 영화제 수상 내역, OST

04 영화를 감상할 때는 아래의 요소를 고려해야 합니다.

1) 영화의 정보를 미리 찾아봅니다.

2) 작품에 대한 선입견이나 편견을 갖지 않습니다.

3) 인상 깊은 장면이나 감동을 받은 대사, 음악 등을 메모합니다.

4) 영화의 구성과 흐름을 파악합니다.

5) 감독의 의도와 작품의 의미를 생각합니다.

6) 영화를 보고 나서 더 알고 싶은 정보를 찾아봅니다.

어휘

01 다음은 영화 감상과 관련된 어휘입니다. 알맞은 것을 골라 문장을 완성하십시오.

탁월하다, 자연스럽다, 돋보이다, 어색하다, 섬세하다, 완벽하다, 몰입하다,
참신하다, 단조롭다, 진부하다, 사실적이다, 반전이 있다, 사로잡다, 환상적이다,
평범하다, 생생하다, 구성이 탄탄하다, 교훈적이다, 인기를 끌다, 시사하는 바가 크다

1) 그 화가는 풍경을 ( ) 그려서 꼭 사진을 보는 듯하다.

2) 그 분장사는 노인의 얼굴을 흰 머리카락 하나 주름 하나까지 ( ) 표현하였다.

3) 모델이라 그런지 평범한 사람들 속에서 그는 단연 ( ).

4) 다 잘될 거라는 그런 ( ) 위로는 필요 없다.

5) 그 배우는 공포의 감정을 ( ) 전달해서 영화를 보는 나도 소름이 돋았다.

6) 이 영화는 인물들 간의 갈등 관계가 없고 매우 ( ) 구성되어 있다.

7) 그는 이야기를 재미있게 하는 데 (   ) 능력을 가지고 있다.

8) 나이가 들어서 작은 글씨가 잘 안 보이는 것은 (   ) 일이다.

9) 이 배우의 얼굴은 (   )지만 연기를 할 때는 배역에 알맞은 카리스마를 뿜어낸다.

10) 낯선 사람과 마주 보고 앉아 있기가 (   ).

11) 이 글은 (   ) 더 이상의 수정은 필요 없다.

12) 그 배우는 자신이 맡은 배역에 (   ) 평소와 전혀 다른 사람이 된다.

13) 이번 공모전에는 (   ) 아이디어가 넘치는 출품작들이 많다.

14) 이 영화의 마지막 부분에는 엄청난 (   ).

15) 그는 훌륭한 연설로 청중의 마음을 (   ).

16) 특수 촬영 기법을 사용해서 현실 같지 않은 (   ) 분위기를 연출했다.

17) 그 영화는 베스트셀러가 원작이라서 이야기의 (   ).

18) 고전 소설은 착한 일은 권하고 악한 일은 벌하는 (   ) 내용이 많다.

19) 요즘 학생들 사이에서 나팔바지가 선풍적인 (   ).

20) 폐지를 판 돈을 기부한 할머니의 사연은 기부에 인색한 현대인들에게 (   ).

표현

01 영화를 소개할 때

◎ -을/를 다루고 있다

- 이 영화는 현대인의 **'잃어버린 가족애'를 다루고 있다.**
- 이 영화는 **'깊은 우정'을 다루고 있다.**

◎ A은/는 B을/를 드러내다

- 주인공의 **급격한 표정 변화는 그의 감정 기복을 드러낸다.**
- **노란 손수건은 주인공의 희망을 드러낸다.**

◎ A을/를 통해 B을/를 보여 주다

- 이 영화는 **특수 효과를 통해 미래 세계를** 효과적으로 **보여 준다.**

02 영화의 가치를 말할 때

◎ -(으)ㄹ 만하다

- 영화 내용이 훌륭해서 좋은 평가를 받**을 만하다.**
- 이 영화는 폭력적이지 않아서 가족이 다 같이 **볼 만하다.**

◎ -기 이를 데 없다

- 영화의 배경이 된 무대가 화려하**기 이를 데 없었다.**

◎ -에도 불구하고

- 이 배우는 어린 나이임**에도 불구하고** 섬세한 감정을 잘 표현했다.
- 저예산 영화임**에도 불구하고** 호평을 받았다.

연습

01 다음 표현을 사용해서 영화를 소개해 봅시다.

1) –을/를 다루고 있다.

① 그 연극 / 대조적인 두 인물의 삶: ____________________

② 이 다큐멘터리 / 자연의 변화무쌍한 모습: ____________________

2) A은/는 B을/를 드러내다

① 지하철 냄새 / 사회적 계급의 차이: ____________________

② 뱀 / 은밀한 유혹: ____________________

3) A을/를 통해 B을/를 보여 주다

① 빠른 배경 음악 / 사건의 긴박함: ____________________

② 꽃목걸이 / 순수한 사랑: ____________________

02 다음 문구를 사용해서 영화의 가치를 말해 봅시다.

배경 음악이 아름답다	특수 효과가 뛰어나다
웃기다	감동적이다
내용이 쉽고 교훈적이다	국제 영화제에서 상을 받았다
배우들의 연기가 아주 훌륭하다	상영 시간이 너무 길지 않다

예) 이 영화는 배경 음악이 아름다워서 음반을 소장할 만하다.

① ____________________

② ____________________

③ ____________________

④ ____________________

⑤ ____________________

영화 감상문

01 아래의 영화 감상문을 읽고 표에서 해당하는 사항을 찾아봅시다.

할아버지와 어린 손자의 이별 이야기

"제 이름은 김덕구입니다. 덕을 구하는 사람이 되라고 할아버지께서 지어 주신 이름입니다." 우렁차게 웅변을 하는 초등학생 덕구 곁에서 할아버지가 손자 덕구를 흐뭇한 표정으로 바라본다. 덕구의 할아버지는 비가 오나 눈이 오나 열심히 돈을 벌어 어린 손주들을 홀로 키운다. 덕구의 아버지는 사고로 세상을 떠났고 덕구의 어머니는 집을 나갔다. 덕구는 어머니에 대한 그리움과 할아버지와 어린 동생에 대한 걱정으로 힘들어 한다. 한편 덕구의 할아버지는 자신에게 주어진 시간이 얼마 남지 않았다는 것을 알게 되고 손주들에게 줄 마지막 선물로 덕구 엄마를 찾는다.

영화 〈덕구〉의 주인공은 11살의 어린 나이임에도 불구하고 복잡하고 섬세한 감정을 완벽하게 표현해 내고 있다. 할아버지와 어린 손자의 이별 이야기는 자칫 진부할 수 있는 소재이다. 하지만 탄탄한 구성과 배우들의 자연스러운 연기로 관객에게 감동을 준다. 등장인물의 애틋한 연기를 통해 가족 간의 사랑이 무엇보다도 소중함을 드러내고 있다. 이 영화의 교훈적인 내용은 가족애를 잊고 사는 현대인들에게 시사하는 바가 크다.

제목	
등장인물	
줄거리	
글쓴이가 느낀 점	

활동

01 지금까지 본 영화 중에서 가장 감명 깊게 본 영화에 대한 감상을 발표해 봅시다.

영화 제목	
장르	
출연 배우	
영화를 고른 이유	
인상적인 장면	
느낀 점	

02 여러분 나라의 대표적인 영화감독은 누구입니까? 그 사람이 만든 영화 중에서 하나를 골라 친구들에게 소개해 봅시다.

감독 이름	
대표 작품	
유명한 이유	

제8과

토론하기

제8과 토론하기

학습목표

1. 토론의 절차를 배우고 익힌다.
2. 토론할 때 필요한 표현들을 익히고 사용할 수 있다.
3. 어떤 문제에 대해 근거를 제시하여 자신의 의견을 주장할 수 있다.

도입

01 토론을 해 본 적이 있습니까? 어떤 주제로 토론을 했습니까?

02 토론을 잘하려면 어떻게 해야 합니까?

토론하기

01 토론이란?

어떤 문제에 대하여 찬성자와 반대자가(찬성 팀과 반대 팀이) 근거를 제시하면서 자기 의견의 정당함과 상대방 의견의 부당함을 주장하는 것이다.

02 토론의 목적

참가자들의 대립적인 주장을 통해 해당 문제에 대한 바람직한 결론을 찾아내는 데 있다.

03 토론의 조건

1) 토론 주제가 시의성이 있으며 긍정이나 부정의 입장을 취할 수 있어야 한다.
   예) 사형 제도를 폐지해야 한다.
   예) 화장품을 개발할 때 동물 실험을 금지해야 한다.

2) 긍정문의 형태로 제시해야 한다.
   예) 음주 운전은 허용하지 말아야 한다. → 음주 운전은 금지해야 한다.

3) 논제의 개념이나 범주가 분명해야 한다.
   예) 가능하면 수업 중에는 휴대 전화 사용을 금지해야 한다. (X)
   예) 수업 중에는 휴대 전화 사용을 금지해야 한다. (O)

4) 어느 한쪽에 치우치지 않고 토론을 공정하게 진행할 사회자가 있어야 한다.

5) 찬성과 반대의 대립적인 의견을 가진 토론자가 있어야 한다.

6) 발언 시간이나 순서 등의 규칙이 있어야 한다.

04 토론자의 유의점

1) 각 팀에 주어진 시간을 엄격히 지킨다.

2) 논제에 맞게 근거를 제시하여 토론한다.

3) 상대 팀의 주장을 경청하고 그에 대한 반론을 한다.

05 사회자의 역할

① 토론의 규칙을 미리 알려 준다.

② 질문과 요약을 해서 토론의 진행을 돕는다.

③ 토론 마지막에 내용을 정리해서 분명히 한다.

④ 어느 한쪽의 의견에 치우치지 않고 중립을 지켜야 한다.

06 청중의 역할

① 객관적이며 공정한 평가를 한다.

② 평가 기준에 맞춰서 토론을 경청한다.

③ 토론 주제에 맞는 적절한 질문을 한다.

07 토론 순서

사회자의 소개 ➜ 찬성 팀의 입론 발표 ➜ 반대 팀의 입론 발표 ➜

작전 타임 ➜ 반대 팀의 반론(질문) ➜ 찬성 팀의 대답 ➜

찬성 팀의 반론(질문) ➜ 반대 팀의 대답 ➜ 청중단의 질문 ➜

찬성 팀의 대답 / 반대 팀의 대답 ➜ 각 팀의 최종 발언 ➜ 사회자의 마무리 ➜

표현 1

01 사회자의 토론 진행 표현

- **토론을 시작할 때**
  - 오늘은 '기여 입학제'에 대해서 토론을 하고자 합니다.
  - 지금부터 '사형제 폐지'에 대한 토론을 시작하겠습니다.
  - 이 시간에는 '안락사 허용'이라는 주제로 토론을 하겠습니다.

- 토론을 진행할 때
  - 토론자들을 소개해 드리겠습니다.
  - 찬성 팀부터 의견을 말씀해 주십시오.
  - 찬성 팀부터 입론을 해 주시기 바랍니다.
  - 이에 대한 반대 의견 / 찬성 의견이 있으시면 말씀해 주십시오.
  - 다음으로는 양 팀의 반론을 듣겠습니다.
  - 혹시 찬성 / 반대 팀에게 질문이 있으십니까? (청중을 보면서)

- 토론을 마무리할 때
  - 두 팀의 의견을 듣는 가운데 어느덧 우리에게 주어진 시간이 다 지나갔습니다.
  - 지금까지의 의견을 정리해 보면 다음과 같습니다.
  - 앞에서 논의된 것을 정리해 보면 다음과 같습니다.
  - 이것으로 오늘의 토론을 마치겠습니다.

1) 다음은 '동성결혼을 금지해야 한다'라는 주제로 토론을 시작하는 사회자의 말입니다.

인사 사회자 소개	여러분, 안녕하십니까? 오늘 토론의 진행을 맡은 000입니다.
주제 소개	**최근** 서울 시청 앞 광장에서 동성 결혼 반대 시위를 벌여서 논란이 되었습니다. 동성 결혼이**란** 여성과 여성, 남성과 남성 즉 같은 성끼리 결혼을 하는 것을 말합니다. 시위하는 사람들은 동성 결혼이 사회 통념에도 어긋날 뿐만 아니라 결혼의 가치를 크게 훼손한다고 주장하면서 동성 결혼 금지를 찬성하고 있습니다. 그러나 한편에서는 성 소수자들의 권리도 존중해 줘야 한다고 **맞서고 있습니다.** **그래서 우리는 오늘 '동성 결혼을 금지해야 한다.'라는 주제로 토론을 하고자 합니다.**
참석자 소개	**이 주제에 대해 토론하실 분들을 소개해 드리겠습니다.** 먼저 찬성 팀으로는 한국 결혼문화 연구소 000 소장님과 초종교 대표 000님께서 **나와 주셨습니다.** 그리고 반대 팀으로는 동성결혼 합법화 추진위원회 000님과 평화대학교 000 교수님께서 **나오셨습니다.**
토론을 시작하는 말	그럼 우선 양 팀 대표들의 찬반 **의견을 들어 보도록 하겠습니다. 먼저 찬성 팀부터 입론해 주십시오.**

2) 다음의 주제 중 하나를 골라 사회자가 되어 토론을 시작하는 글을 써 보십시오.

존엄사, 수술실 CCTV 설치, 기타 주제

인사 / 사회자 소개	
주제 소개	
참석자 소개	
토론을 시작하는 말	

3) 다음은 '동성 결혼'이라는 주제의 토론을 마무리하려는 사회자의 말입니다.

마무리를 도입하는 말	**양 팀의 의견을 듣는 가운데** 어느덧 우리에게 주어진 시간이 다 지났습니다.
토론 내용의 요약	**지금까지의 논의된 내용을 정리해 보면** 다음과 같습니다. 결혼이란 현행법 상 정식으로 남녀가 부부관계를 맺는 것을 의미하므로 동성 결혼을 인정할 수 없다는 의견이 있었습니다. 그러나 반대 의견으로는 헌법에서 보장하는 행복추구권에 따라 인간은 누구나 행복할 권리가 있으므로 동성결혼도 인정해야 한다는 의견도 있었습니다.
결론	**이 주제로 논의를 해 본 결과** 동성 결혼에 대한 다양한 의견을 나누는 시간이 되었습니다.
끝내는 말	이 토론을 통해 동성 결혼에 대한 문제를 이해하는 데 도**움이 되었기를 바라면서 토론을 마치려고 합니다.** 고맙습니다.

4) 존엄사 또는 동물 실험이라는 주제의 토론을 마무리하려고 합니다. 다음 표를 정리하고 이야기해 보십시오.

마무리를 도입하는 말	
토론 내용의 요약	
결론	
끝내는 말	

02 토론자의 토론 진행 표현

- 자신의 의견을 주장할 때
  - 저는 '동성 결혼 금지'**에 반대합니다.**
  - 우리 팀은 동성 결혼을 금지해야 **한다고 주장합니다.**

- 자신의 의견에 대한 근거를 제시할 때
  - 어린 나이에 외국으로 유학을 가면 정체성에 혼란을 겪을 수 있**으므로** 저는 조기 유학**에 반대합니다.**
  - 저는 조기 유학**에 찬성합니다. 왜냐하면** 어릴 때 외국어를 배우는 것이 언어 습득에 도움이 되**기 때문입니다.**
  - 어릴 때 외국어를 배우는 것이 언어 습득에 도움이 되**기 때문에** 조기 유학을 가는 것**이 좋다고 생각합니다.**

- 상대방의 의견에 반박할 때
  - 저는 OO 씨와 생각이 **좀 다릅니다.**
  - 저는 새 운전면허 제도가 교통사고 발생률을 낮춘다는 의견에 **동의하기가 어렵습니다.**
  - OO 씨 의견은 객관적인 자료를 제시하지 않았다**는 점에서 문제가 있다고 생각합니다.**

- 자신의 의견에 대한 인용의 출처를 밝힐 때
  - 오늘 아침 뉴스**에 의하면** 한국에서 암을 치료할 수 있는 신약을 개발했**다고 합니다.**
  - 식품영양학자의 말**에 따르면** 김치에는 요구르트보다 많은 유산균이 들어 있**다고 합니다.**
  - 박 교수가 연구**한 바에 의하면** 친구들과 어울리지 않고 컴퓨터 게임에만 빠져 사는 아이들은 사회성이 현저히 떨어**진다고 합니다.**

표현 2

다음은 조기 유학을 반대하는 주장입니다. 어떻게 주장하고 있습니까?

주장하기	저는 조기 유학을 보내는 것에 반대합니다.
근거 제시하기	왜냐하면 조기 유학으로 인해 가족이 떨어져 지내게 되어 결국 가정이 깨지게 되기 때문입니다.
출처 밝히기	뉴스 보도에 의하면 홀로 남은 기러기 아빠들이 외로움을 참지 못해 결국 가정이 파탄 나는 경우가 있다고 합니다.
대안 제시하기	만약 어린이에게 조기 영어 교육이 필요하다면 국내에서도 좋은 언어 프로그램을 마련하여 가르칠 수 있을 것입니다.

연습 1: 근거 제시하기

근거를 제시하는 표현

- **왜냐하면 ~기 때문입니다.**
- **–(으)므로 ~다고 생각합니다.(찬성합니다. / 반대합니다.)**

예문

- 저는 조기 유학을 찬성합니다. **왜냐하면** 어릴 때 외국어를 배우는 것이 언어 습득에 도움이 되**기 때문입니다.**
- 어릴 때 외국어를 배우는 것이 언어 습득에 도움이 되**기 때문에** 조기 유학을 가는 것이 좋**다고 생각합니다.**
- 어린 나이에 외국으로 유학을 가면 정체성에 혼란을 겪을 수 **있으므로** 조기 유학을 보내는 것은 좋지 않**다고 생각합니다.**
- 어린 나이에 외국으로 유학을 가면 정체성에 혼란을 겪을 수 **있으므로** 조기 유학을 **반대합니다.**

01 다음은 조기 유학에 관한 근거들입니다. 다음 근거들을 보고 조기 유학에 찬성 또는 반대하는 주장을 써 봅시다.

〈장점〉

· 어릴 때 유학을 가면 외국어를 효과적으로 빨리 배울 수 있다.

· 국제적 시각을 키워서 경쟁력을 갖출 수 있다.

〈단점〉

· 가족이 함께 생활하지 못하므로 외로울 수 있고 가족 간의 유대관계도 약해진다.

· 유학 비용이 많이 든다.

➔ 저는 조기 유학에 찬성합니다.

왜냐하면

____

____

____

____

____

➔ 저는 조기 유학에 반대합니다.

왜냐하면

____

____

____

____

____

02 다음은 사형 제도에 관한 근거들입니다. 다음 근거들을 보고 사형 제도에 찬성 또는 반대하는 주장을 써 봅시다.

〈장점〉

· 범죄 예방에 효과가 있다.

· 범죄자를 사형시키지 않고 교도소에 수감할 경우 비용이 많이 든다.

〈단점〉

· 범죄자에게도 인권이 있다.

· 오심의 가능성도 있다.

➲ 저는 사형 제도에 찬성합니다.

왜냐하면

____

____

____

____

____

➲ 저는 사형 제도에 반대합니다.

왜냐하면

____

____

____

____

____

연습 2: 인용의 출처 밝히기

인용을 제시하는 표현

- **~에 의하면 –다고 하다**
- **~에 따르면 –다고 하다**

예문

- 오늘 아침 뉴스**에 의하면** 북한이 핵 실험을 계속 하고 있**다고 합니다.**
- 안과 전문의**에 따르면** 눈병은 대부분 손을 통해 전염된**다고 합니다.**

01 최근 뉴스나 인터넷 기사를 통해 알게 된 정보에 관해 이야기해 봅시다.

예) 오늘 아침 뉴스에 의하면 지구온난화로 북극곰이 살 곳이 없어지고 있다고 합니다.

02 어떤 분야의 전문가가 말한 정보 중 알고 있는 것을 소개해 봅시다.

예) 뇌 과학 전문가의 연구에 따르면 컴퓨터를 오래 사용하면 집중력과 뇌기능이 저하된다고 합니다.

활동

01 각 조별로 토론하고 싶은 주제를 하나 정해서 토론해 봅시다.

토론 주제 예

· AI는 인류에게 긍정적이다.

· 존엄사를 허용해야 한다.

· 사형 제도를 폐지해야 한다.

· 동성 결혼을 금지해야 한다.

· 종교는 인간에게 필요하다.

· 수술실에 CCTV를 설치해야 한다.

· 화장품 개발을 위한 동물 실험을 금지해야 한다.

· 미취학 아동의 스마트폰 사용을 제한해야 한다.

02 토론에 앞서 인터넷, 신문, 책 등을 참고하여 찬성 또는 반대하는 데 필요한 근거와 실례, 통계 등을 조사해 봅시다.

03 조사한 근거를 다음과 같이 정리해 봅시다.

주제	조기 유학
나의 입장	반대
근거 1	가족이 서로 떨어져 지내야 한다. 자료: 기러기 아빠, 가족이 해체된 신문 기사
근거 2	비용의 부담이 너무 크다. 자료: 1년 유학비용, 통계
근거 3	아이가 어려서 외국 사회에 적응하지 못한다. 자료: 신문 기사 또는 인터뷰 기사

주제	
나의 입장	
근거 1	자료:
근거 2	자료:
근거 3	자료:
반박 질문 1	
반박 질문 2	
반박 질문 3	

04 여러분이 준비한 자료를 가지고 토론 규칙에 따라 토론해 봅시다.

05 토론 후 여러분의 입장에 변화가 생겼습니까? 아니면 더 확신이 생겼습니까?

활동 2: 토론 평가하기

01 토론을 평가해 봅시다.

(아주 잘함 5, 잘함 4, 보통 3, 부족함 2, 매우 부족함 1)

구분	평가 항목	찬성 팀	반대 팀
준비	① 자료 준비가 잘 되었는가?		
	② 주제를 잘 이해하고 논거를 준비했는가?		
전달력	③ 발화 속도가 자연스러웠는가?		
	④ 발음과 목소리가 적절했는가?		
논리력	⑤ 자신의 주장을 논리적으로 표현했는가?		
	⑥ 상대팀의 반론을 잘 이해하고 대응했는가?		
	⑦ 상대팀의 주장에 논리적으로 반박하였는가?		
태도	⑧ 적극적으로 토론에 참여하였는가?		
	⑨ 토론 예절과 규칙을 잘 지켰는가?		

02 찬성의 근거는 무엇입니까?

1) ______________________________

2) ______________________________

03 반대의 근거는 무엇입니까?

1) ______________________________

2) ______________________________

04 찬성과 반대 팀 중 어느 쪽이 더 잘했다고 생각합니까? 그렇게 생각한 이유는 무엇입니까?

주제	
잘한 팀	
이유	

05 토론에서 가장 인상적인 내용은 무엇이었습니까?

____

____

____

제9과

보고하기

제9과 보고하기

학습목표

1. 육하원칙을 활용해서 보고할 수 있다.
2. 사건을 짜임새 있게 말할 수 있다.
3. 보고하기에서 사용하는 다양한 어휘를 익힌다.

도입

01 여러분은 한국에서 뉴스를 듣거나 신문을 읽은 적이 있습니까? 뉴스 보도나 신문 기사에서 반드시 포함해야 하는 요소는 무엇입니까?

02 다음 대화를 보고 육하원칙의 내용을 찾아봅시다.

교수: 답사 일정이 나왔다고 들었어요.
학생: 5월 4일~5일에 답사를 가려고 하는데 교수님께서는 시간 괜찮으십니까?
교수: 네, 참석 가능해요. 한국어학과 학생들 모두 가는 거죠?
학생: 3, 4학년은 외부 행사가 있어서 1, 2학년만 갈 수 있습니다.
교수: 그렇군요. 답사는 어디로 가기로 했어요?
학생: 경주로 가려고 합니다.
교수: 경주?
학생: 경주에 대학교 수련관이 있어서 저렴한 가격에 숙소를 이용할 수 있습니다.
경주에 가서 한국 역사 공부도 하고, 문화 체험도 할 계획입니다.

▪ 언제 ▪ 어디서 ▪ 누가 ▪ 무엇을 ▪ 어떻게 ▪ 왜

어휘

01 다음에서 알맞은 것을 골라 문장을 완성하십시오.

지극히	체구	지각 능력	유사하다
창제하다	안타까워하다	본뜨다	향상되다
보급하다	억울하다	견학하다	반포하다

1) 정부에서 새로운 부동산 정책을 (　　　　　　　　).

2) 그녀는 작은 (　　　　　　　　)에 비해 힘이 굉장히 세다.

3) 내 친구와 나는 여러 면에서 취향이 (　　　　　　　　).

4) 나는 친구에게 오해를 받은 것이 (　　　　　　　　) 밤새 잠을 자지 못했다.

5) 유럽의 많은 궁전들은 베르사유 궁전을 (　　　　　　　　) 만들어졌다고 한다.

6) 대학에 입학해서 열심히 공부했더니 한국어 실력이 (　　　　　　　　).

7) 교직원들이 성금을 모아서 소외계층의 청소년들에게 노트북을 (　　　　　　　　).

8) 누구보다도 나를 (　　　　　　　　) 사랑하는 사람은 부모님이다.

9) 화재가 난 건물에서 불을 끄다가 순직한 소방관을 많은 사람들이 (　　　　　　　　).

10) (　　　　　　　　)이란 눈, 코, 입 등 감각 기관을 통하여 대상을 인식하는 능력이다.

11) 그 정치인은 새로운 국민 참여 제도를 (　　　　　　　　) 국민들에게 큰 지지를 얻었다.

12) 새로운 농사 방법이 유명해져서 매년 많은 사람들이 우리 과수원을 (　　　　　　　　) 온다.

13) 편지에는 깨알 같은 글씨가 (　　　　　　　　) 적혀 있었다.

14) (　　　　　　　　) 셔츠를 다리미로 펴서 입었다.

15) 학생들이 하굣길에 떡볶이, 어묵 따위를 파는 (　　　　　　　　) 앞에 몰려 있다.

표현

언제	5월 15일, 일주일 전, 저녁 9시경, 정오, 해 질 무렵, 당일, 이튿날, 어느 날, 지난 화요일
어디서	도서관 앞, 천안아산역 근처, 기숙사 부근, 백화점 주변, 자택, 숲 속
누가	박 모 씨, 20대 여성, 선배, 교수님, 익명의 남자, 신원 미상
무엇을	~을/를 일으키다, ~을/를 당하다, ~이/가 발생하다, ~을/를 발견하다
어떻게	실수로, 우연히, 계획적으로, ~다가, ~을/를 통해
왜	~을/를 목적으로, ~기 위해, ~(으)려고, ~기 때문에
결과	~게 되다, ~은/는 계기가 되다, ~아/어 놓다, 영향을 끼치다

| 예문 |

1) **나는 일주일 전**에 **시험공부를 하러 도서관**에 갔다. 거기에서 같은 과 선배를 만나 전공 시험에서 좋은 성적을 얻을 수 있는 방법을 **물어보았다.** 친절한 선배 덕분에 **전공 시험을 잘 보는 방법을 알게 되었다.**

2) **지난 화요일 천안아산역 근처**에서 **박 모 씨**가 **교통사고를 당했다.** 박 모 씨가 **스마트폰 화면만 보다가** 신호등의 빨간불을 미처 보지 못하고 길을 건넜다. 그때 운전 중이던 택시 기사가 박 모 씨를 발견하고 브레이크를 밟았지만 멈추지 못하고 부딪히게 되었다. 아산시는 이러한 사고를 막기 위해 다음 달부터 **횡단보도 바닥에 '스마트폰 사용 금지' 문구를 써 넣기로 했다.**

다음 기사를 보고 이야기해 봅시다.

01 기사를 읽고 알맞은 제목과 육하원칙을 써 봅시다.

1) 제목: (   )

2020년 음력 5월 5일, 강원도 강릉에서 '옥수수 먹기 대회'가 열렸다. 이 대회에서 여성인 이선경 씨가 2년 연속 우승을 차지했다. 다른 참가자 25명을 제치고 체구가 작은 여성이 챔피언 자리에 올라서 많은 사람들이 매우 놀라워했다. 우승한 이 씨는 이날 30분 만에 옥수수 27개를 먹었는데 이는 작년 성적보다 5개를 더 먹은 기록이다. 이 씨는 "나 자신의 한계에 도전하고 싶었다. 내 나이와 같은 숫자인 27개의 옥수수를 먹겠다는 목표를 세우고 참가했다."라며 기뻐했다.

언제	
어디서	
누가	
무엇을	
어떻게	
왜	
결과	

2) 제목: (   )

세종대왕은 백성을 지극히 사랑하는 마음으로 1443년에 한글을 창제하고 1446년에 반포하였다. 그 당시의 백성들은 글을 몰라서 억울한 일을 당하는 경우가 많았는데 그것을 보고 세종대왕은 안타까워했다. 그래서 세종대왕은 집현전 학자들과 함께 백성들을 위해 발음기관을 본떠서 문자를 만들었다. 세종대왕이 처음 한글을 만들었을 때의 이름은 '훈민정음'이었다. 훈민정음은 '백성을 가르치는 바른 소리'라는 뜻이다.

한글은 바람소리, 동물 울음소리 등 세상의 모든 소리를 표현할 수 있을 뿐만 아니라 과학적이어서 세계의 여러 학자들로부터 최고의 문자라는 평을 받고 있다. 한글은 체계적이고 쉽기 때문에 일반 백성들은 하루 만에 글을 익히고 사용할 수 있었고, 한글 보급을 통해 백성들의 삶의 질이 향상되었다.

언제	
어디서	
누가	
무엇을	
어떻게	
왜	
결과	

02 자기 나라의 기사를 검색해서 육하원칙에 맞게 쓰고 발표해 봅시다.

제목:

언제	
어디서	
누가	
무엇을	
어떻게	
왜	
결과	

위의 육하원칙을 중심으로 기사를 써 봅시다.

활동

01 아래의 이야기나 영화를 육하원칙에 따라 쓰고 발표해 봅시다.

① 스파이더맨 이야기: 거미 인간이 된 남자

<table>
<tr><td>언제</td><td>고등학생 때</td><td>내용 설명하기</td></tr>
<tr><td>어디서</td><td>실험실</td><td rowspan="6">거미 인간이 된 남자에 대해 발표하겠습니다. 이 사건은 실험실을 견학하다가 실수로 발생한 사건입니다.
피터 파커는 고등학생 때 실험실로 견학을 갔습니다. 거기서 유전자 조작 거미를 보다가 실수로 거미에게 손등을 물렸습니다. 그 후 거미와 유사한 능력, 즉 뛰어난 지각 능력과 사물에 잘 붙는 능력을 갖게 되었습니다.
피터 파커는 그 능력으로 위험에 처한 사람들을 도와주어 '스파이더 맨'이라고 불리는 영웅이 되었습니다.</td></tr>
<tr><td>누가</td><td>피터 파커</td></tr>
<tr><td>무엇을</td><td>거미와 유사한 능력을 갖게 됨</td></tr>
<tr><td>어떻게</td><td>실수로 유전자 조작 거미에게 물려서</td></tr>
<tr><td>왜</td><td></td></tr>
<tr><td>결과</td><td>스파이더맨이 되어서 어려움에 처한 사람들을 도와주고 영웅이 되었다.</td></tr>
</table>

② 백설공주 이야기: 독살 미수 사건

<table>
<tr><td>언제</td><td></td><td>내용 설명하기</td></tr>
<tr><td>어디서</td><td></td><td rowspan="6"></td></tr>
<tr><td>누가</td><td></td></tr>
<tr><td>무엇을</td><td></td></tr>
<tr><td>어떻게</td><td></td></tr>
<tr><td>왜</td><td></td></tr>
<tr><td>결과</td><td></td></tr>
</table>

③ 자기 나라 이야기: ____________________

언제		내용 설명하기
어디서		
누가		
무엇을		
어떻게		
왜		
결과		

활동 2

01 자신이 지금까지 살면서 겪었던 큰 경험에 대해서 육하원칙에 맞추어 이야기해 봅시다.

언제	고등학교 2학년
어디서	K-pop 노래 대회
누가	내가
무엇을	대회에 참가하였다.
어떻게	우연히
왜	추억을 남기고 싶어서
결과	1등을 하였다

| 예문 |

저는 K-pop에 관심이 아주 많습니다. 중학교 때 텔레비전에서 방탄소년단(BTS)의 '버터(Butter)'를 듣고 난 이후부터 지금까지도 여러 한국 노래를 즐겨 듣고 있습니다.

고등학교 2학년 때 친구와 시내에 갔다가 우연히 'K-pop 노래 대회' 포스터를 보게 되었습니다. 친구가 K-pop을 좋아하는 저에게 대회 참가를 추천했습니다. 저도 평소에 한국 노래를 즐겨 부르기 때문에 좋은 추억을 남기고 싶어서 참가 신청을 했습니다.

저는 방탄소년단의 노래 중에서 가장 좋아하는 곡인 '봄날'을 준비했습니다. 노래를 잘 부르는 편이라서 노래는 걱정이 되지 않았습니다. 하지만 한국어 발음이 좋지 않아서 많이 걱정되었습니다. 그래서 매일 노래를 녹음해서 한국 친구들에게 체크를 받으며 발음 연습을 많이 했습니다.

대회 날 아침까지도 열심히 연습한 덕분인지 'K-pop 노래 대회'에서 당당히 1등을 하였습니다. 심사위원들은 저의 한국어 발음이 좋을 뿐만 아니라 감정 표현도 풍부했다고 평가해 주었습니다. 저는 매우 기뻐서 앞으로도 한국어를 열심히 공부해야겠다고 생각했습니다.

언제	
어디서	
누가	
무엇을	
어떻게	
왜	
결과	

02 여러분이 직접 기자가 되어 다음 주제와 관련된 보도를 해 봅시다.

- 학교 소식
- 동아리 소식
- 고향 소식

제10과

토의하기

제10과 토의하기

학습목표

1. 토의의 절차에 따라 토의할 수 있다.
2. 서로 의논하여 문제의 해결책을 찾을 수 있다.
3. 토의에 쓰이는 다양한 표현을 익힌다.

도입

01 여러분은 어떤 결정을 하기 위해서 서로 토의해 본 적이 있습니까? 어떤 문제를 가지고 의견을 나누어 보았습니까?

- MT 장소 정하기
- 팀 과제를 성공적으로 수행하기 위한 방법
- 취업을 잘하기 위해 준비해야 할 것들

02 토의할 때 무엇을 주의해야 할까요?

- 상대방의 말을 잘 듣는다.
- 근거를 가지고 자신의 의견을 말한다.
- 상대방의 말이 모두 끝난 후에 질문한다.
-
-

토의의 절차

토의 주제 정하기 ➔ 의견 준비하기 ➔ 의견 나누기 ➔ 정리하기

1) 토의 주제 정하기

① 함께 이야기할 수 있는 문제여야 한다.

② 여러 가지 방법이 제시될 수 있어야 한다.

2) 의견 준비하기

① 문제의 원인을 생각한다.

② 문제 해결을 위한 자신의 의견을 정리한다.

3) 의견 나누기

① 다른 사람의 의견을 경청한다.

② 준비한 자신의 의견을 제시한다.

4) 정리하기

① 지금까지 나온 의견을 정리한다.

② 다수가 만족할 수 있는 해결 방안을 선택한다.

표현

◎ 의견 말하기

- **제 생각에는** 저녁 6시에 모이는 **것이 좋겠습니다.**
- 영화관에 가**는 게 어때요?**
- **그 의견도 좋지만** 버리는 음식물을 줄이는 방법은 **어떨까요?**
- **저는** 대중교통을 이용하**는 게 좋을 것 같은데요.**

◎ 동의하기

- **저도** 민수 씨**와 같은 생각입니다.**
- **저도** 민수 씨**의 의견에 동의합니다.**
- **제가 말하려고 하는 내용도 바로 그것입니다.**

◎ 덧붙이기

- 민수 씨**의 의견에 덧붙여 말하자면,**
- **거기에 의견을 더하자면,**

어휘

가독성	관용	구독하다	극단적이다
근절하다	기획 기사	깎아내리다	난무하다
관행	발맞추다	자율적	저하되다
피부로 접하다	치유	혐오하다	

1) 우리 학교는 정보화 시대에 (   ) 모든 학생들에게 노트북을 나눠주었다.

2) 운동 부족으로 인해 청소년들의 체력이 (   ).

3) 이것이 아니면 절대 안 된다는 식의 (   ) 사고방식은 피해야 한다.

4) 우리 회사에는 여성이 결혼을 하면 사표를 내야 하는 잘못된 (   )이/가 있었다.

5) (   )란 사건이나 현상을 깊이 있게 접근하여 심층적으로 쓰는 기사를 말한다.

6) 그는 술을 마시고 다른 사람들에게 폐를 끼치는 사람을 매우 (   )한다.

7) 어린이용 책은 글씨가 크고 줄 간격이 넓어서 (   )이/가 높다.

8) 대통령은 교육부 장관에게 학교 폭력을 (   ) 수 있는 대책을 마련하라고 지시하였다.

9) 상대방의 잘못을 너그럽게 용서하는 (   )의 태도를 가져야 한다.

10) 다른 사람을 욕하는 것은 내 자신을 (   ) 행동이다.

11) 요즘 인터넷 뉴스에는 사실이 아닌 유언비어가 (   ).

12) 병의 (   )을/를 위해서 균형 있는 영양소 섭취와 충분한 휴식이 필요하다.

13) 우리 회사는 출퇴근 시간을 (   ) 선택할 수 있다.

14) 외국 여행을 하면서 나라마다 다른 문화와 풍습을 (   ).

15) 그는 경제 분야의 잡지를 정기적으로 (   ).

읽기

사회자: 과거와는 달리 인터넷의 발달로 세계 각국의 소식을 접할 수 있게 되어 종이 매체의 의존성이 저하되고 있습니다. 대학 신문 또한 학생들이 잘 읽지 않습니다. 이러한 상황에 발맞추어 우리 대학 신문이 나아가야 할 방향에 대해 토의해 보고자 합니다.

민 수: 저는 주로 페이스북으로 대학과 관련된 소식을 찾아봅니다. 페이스북이 종이 신문에 비해 읽기 쉽고 간편하기 때문입니다. 대학 신문사에서도 SNS를 통해 신문 기사를 쉽게 접할 수 있었으면 좋겠습니다.

애 리: 우리 학교 신문사도 SNS 계정이 이미 만들어져 있습니다. 그보다 더 중요한 것은 신문 기사의 내용입니다. 단순히 정보를 전달하는 기사는 인터넷으로도 쉽게 찾아서 볼 수 있습니다. 대학생들이 피부로 느낄 수 있는 주제를 다룬 기획 기사가 필요합니다. 예를 들어, 지난 학기에는 '과외 아르바이트 피해 사례 및 예방', '수업을 효율적으로 듣는 방법' 등의 기사가 있었습니다.

정 인: 저도 애리 씨와 같은 생각입니다. 거기에 의견을 더하자면 학생들이 SNS를 많이 사용하는 만큼 학보 기사를 카드 뉴스로 만들어 업로드 하면 가독성이 좋아질 것입니다. 그리고 SNS로 홍보를 많이 하면 대학 신문을 읽는 학생들이 더 많아질 겁니다.

사회자: 좋은 의견들 감사합니다. 대학 신문이 나아가야 할 방향에 대해 지금까지 나온 의견을 정리해 보면 대학생에게 맞춘 기획 기사 쓰기, SNS로 적극적인 홍보하기 등이 있었습니다. 이 방법들을 통해 앞으로 우리 학교 학생들이 대학 신문을 많이 구독하는 계기가 되었으면 좋겠습니다. 그럼 여기서 토의를 마치도록 하겠습니다.

〈토의록〉	
참여자	
토의 주제	우리 대학 신문이 나아가야 할 방향
토의 내용	

활동 1

01 다음 글은 남녀 차별에 대한 기사의 일부분입니다. 아래의 기사를 읽고 남녀 차별을 없애는 방법에 대해 토의해 봅시다.

최근 우리 사회에서는 남녀, 학교, 세대, 정치, 지역, 종교를 불문하고 여러 종류의 차별이 난무하고 있다. 관용과 화합이라는 소중한 가치를 무시하고 다른 사람을 깎아내리는 혐오의 시대에 살고 있는 것이다. 나와 다른 사람이 나와 '틀린' 사람이라는 이유로 미워하고 시기한다. 또는 상대방의 부족한 점을 가지고 인격을 무시하기도 한다. 이러한 상황이 계속된다면 결국 증오와 폭력으로 가득차 치유가 불가능한 사회가 되어 버릴지도 모른다.

특히 남녀 차별은 오랫동안 이어져 온 사회적인 문제이다. 회사에서는 여성보다 남성의 승진 속도가 더 빠르다거나 임신, 출산의 이유로 퇴직을 강요당하기도 한다. 최근에는 간호사들 사이에 이루어지고 있는 '임신 순번제'가 큰 문제로 지적되었다. 임신순번제는 간호사들이 같은 시기에 임신하면 업무에 차질이 생긴다는 이유로 병동 내에서 순서를 정해 임신과 출산을 하는 관행이다. 그렇다고 여성만 차별받는 것이 아니다. 한국은 경제협력개발기구(OECD) 회원국에서 남성의 육아 휴직 기간이 가장 긴 나라지만 육아 휴직의 사용률은 4% 미만밖에 되지 않는다. 또한 '힘쓰는 일은 남자 직원이 해야 한다'는 인식 때문에 무거운 물건을 들거나 기계를 고치는 일을 남성이 하는 경우도 많다.

우리는 부당한 남녀차별을 근절하고 건강한 공동체 의식을 기를 수 있도록 해야 한다. 이를 이루기 위해서는 개개인이 자율적으로 문제를 해결하려는 노력을 기울여야 한다. 양성평등을 위해서 성숙한 시민의식을 기르는 것이야말로 밝은 사회를 만들기 위한 첫걸음이 될 것이다.

1) '남녀 차별을 없애는 방법'에 대해 조별로 의견을 나누고 그 내용을 토의록에 정리해 봅시다.

〈토의록〉	
참여자	
토의 주제	
토의 내용	▪ ▪ ▪ ▪ ▪

활동 2

01 조별로 자유롭게 주제를 정해서 토의해 봅시다.

1) 규칙

· 제한 없이 자유롭게 의견을 이야기한다.

· 발표할 때 돌아가면서 1~3분씩 발표한다.

· 의견을 쓸 수 있는 시간(생각할 시간)을 충분히 준다.

· 다른 사람의 의견을 충분히 듣고 맞장구를 쳐준다.

2) 진행

· 포스트잇 한 장에 한 가지 의견을 쓴다.

· 한 사람당 두 개의 의견을 잘 보이도록 크게 쓴다.

· 조원들의 의견을 모아서 큰 종이에 붙인다.

· 조장을 중심으로 의견을 분류한다. 이때, 같은 종류의 의견은 모아서 붙인다.

· 마음에 드는 의견에 스티커를 붙인다.

3) 토의하기

· 정해진 토의 안건에 대해 핵심적인 내용을 중심으로 하여 구체적으로 설명한다.

· 토의 안건에 대해 다음과 같이 생각하고 포스트잇에 의견을 쓴다.

– 어떻게 하면 해결할 수 있을까?
– 무엇을 하면 해결할 수 있을까?

· 한 명씩 돌아가면서 발표하고, 조장은 토의록을 쓴다.

〈토의록〉	
참여자	
토의 주제	
토의 내용	▪ ▪ ▪ ▪ ▪

토의 주제 예시

- 행복의 조건
- MT 준비하기
- 성공적인 대학 생활
- 조별 과제를 잘 수행하는 방법
- 학생 식당의 음식물 쓰레기 줄이기
- 취업 면접을 효율적으로 준비하기
- 외국인에 대한 차별적 인식을 개선하는 방법

개정판

창의적 말하기

초판 인쇄 : 2019년 8월 16일
초판 발행 : 2019년 8월 23일
개 정 판 : 2021년 8월 20일
저　　자 : 라혜민 · 김순우 · 진정 · 김혜림

발 행 인 : 황선조
발 행 처 : 선문대학교 출판부
등록번호 : 제9호
등 록 일 : 1998. 9. 25.
주　소 : 충남 아산시 탕정면 선문로221번길 70
전　화 : (041) 530-2042, 팩스: (041) 530-2979

판매가 : 10,000원

ISBN 978-89-8423-891-6 03710